Governança, gestão responsável e ética nos negócios

EDITORA
intersaberes

DIALÓGICA

O selo DIALÓGICA da Editora InterSaberes faz referência às publicações que privilegiam uma linguagem na qual o autor dialoga com o leitor por meio de recursos textuais e visuais, o que torna o conteúdo muito mais dinâmico. São livros que criam um ambiente de interação com o leitor – seu universo cultural, social e de elaboração de conhecimentos –, possibilitando um real processo de interlocução para que a comunicação se efetive.

Governança, gestão responsável e ética nos negócios

Mario Sergio Cunha Alencastro | Osnei Francisco Alves

Rua Clara Vendramin, 58 . Mossunguê
CEP 81200-170 . Curitiba . PR . Brasil
Fone: (41) 2106-4170 . editora@editoraintersaberes.com.br
www.intersaberes.com

Conselho editorial	Dr. Ivo José Both (presidente)
	Drª Elena Godoy
	Dr. Nelson Luís Dias
	Dr. Neri dos Santos
	Dr. Ulf Gregor Baranow
Editor-chefe	Lindsay Azambuja
Editor-assistente	Ariadne Nunes Wenger
Projeto gráfico	Capitular Design Editorial
Capa design	Roberto Querido
imagem	Serjio74/Shutterstock
Diagramação	João L. P. Alves
Iconografia	Vanessa Plugiti

Dados Internacionais de Catalogação na Publicação (CIP)
(Câmara Brasileira do Livro, SP, Brasil)

Informamos que é de inteira responsabilidade dos autores a emissão de conceitos.

Nenhuma parte desta publicação poderá ser reproduzida por qualquer meio ou forma sem a prévia autorização da Editora InterSaberes.

A violação dos direitos autorais é crime estabelecido na Lei n. 9.610/1998 e punido pelo art. 184 do Código Penal.

Foi feito o depósito legal.

1ª edição, 2017.

Alencastro, Mario Sergio Cunha

Governança, gestão responsável e ética nos negócios/Mario Sergio Cunha Alencastro, Osnei Francisco Alves. Curitiba: Editora InterSaberes, 2017.

Bibliografia.
ISBN 978-85-5972-216-1

1. Administração de empresas 2. Ética nos negócios 3. Governança corporativa 4. Liderança 5. Responsabilidade social I. Alves, Osnei Francisco. II. Título.

16-07316   CDD-658.4

Índices para catálogo sistemático:
1. Governança corporativa: Administração executiva 658.4

Sumário

Como aproveitar ao máximo sua leitura _____ 7
Introdução _____ 9

1   Uma história triste _____ 11
2   Governança corporativa _____ 17
3   Ética nos negócios _____ 27
4   Responsabilidade social _____ 39
5   Gestão responsável e liderança _____ 51
6   Governança e ética no setor público _____ 61

Palavras finais _____ 67
Para saber mais _____ 71
Referências _____ 79
Sobre os autores _____ 87

Como aproveitar ao máximo sua leitura

Por se tratar de uma obra introdutória, não há exigência de conhecimentos prévios para sua leitura. Entretanto, exatamente por ser um primeiro contato com o tema, este trabalho possibilita a realização de futuros estudos sobre muitos dos assuntos apresentados. Por isso, criamos a seção "Para saber mais", localizada ao final do livro, na qual são indicados *links* e filmes para complementar seus conhecimentos.

Como você poderá perceber, evitamos, na medida do possível, a utilização de linguajar acadêmico, que, muitas vezes, faz com que se perca o interesse pela leitura. Sempre que uma informação ou citação for essencial para a compreensão do conteúdo, você será avisado.

 Ao longo desta obra, diferentes ícones de conteúdo aparecerão sempre que for necessário destacar temas que merecem atenção especial.

Durante sua leitura, quando você encontrar uma passagem importante, faça estas **duas perguntas**: "O que eu posso aprender com isso?" e "Como isso se relaciona à minha realidade?". Se conseguir incorporar parte do conteúdo do livro à sua vida cotidiana, tenha a certeza de que você aproveitou ao máximo a leitura.

Introdução

Recentemente, uma enxurrada de práticas consideradas **antiéticas** abalou o mundo corporativo, colocando em suspeita a credibilidade de muitas organizações e até mesmo dos negócios em geral. Episódios protagonizados por grandes corporações envolvidas com fraudes representaram o estopim de um movimento que obrigou muitas empresas a rever posicionamentos e a adotar posturas mais éticas em suas práticas corporativas. Afinal, os interesses desse tipo de empresa entram em conflito com os da sociedade, cada vez mais exigente e crítica em relação às práticas empresariais. Há, dessa forma, uma crescente rejeição social às empresas que buscam o "lucro a qualquer preço" e que deixam de lado importantes questões, como a preservação do meio ambiente e o bem-estar social.

Esses fracassos empresariais decorreram, em grande parte, da ausência de boas práticas de **governança corporativa**, movimento que defende a implantação de uma gestão voltada para a transparência e, com isso, busca minimizar os conflitos de interesse entre empresas e sociedade. Tendo como pilares os valores éticos no cumprimento das leis, da equidade e da responsabilidade social, a governança corporativa é o tema deste livro, em especial no que diz respeito à participação e ao comprometimento que executivos, gestores e líderes empresariais devem assumir no processo. Para nós, estes devem ser os verdadeiros guardiões dos valores da empresa e os responsáveis pela sua boa conduta no mundo dos negócios.

Nosso objetivo foi desenvolver um trabalho introdutório sobre a importância das boas práticas de governança, tanto na esfera pública quanto na esfera privada, a fim de chamar atenção para o papel que a ética e a responsabilidade assumem nesse processo, servindo de motivação para a formação de lideranças comprometidas com a responsabilidade corporativa.

Capítulo 1

Uma história triste

Você já deve ter lido em jornais e revistas notícias sobre empresas globais, muitas delas proprietárias de marcas poderosas e com destaque no mercado, que se envolveram em fraudes, sonegações e desvios de valores estratosféricos. Isso provocou uma convulsão no mundo corporativo, fazendo com que profissionais e estudiosos se debruçassem sobre o tema. O fato é que, nos últimos 20 anos, manobras contábeis estiveram por trás de vários escândalos corporativos (nacionais e internacionais), aumentando a desconfiança em torno do grau de transparência de muitas empresas e colocando em xeque a confiabilidade de seus balanços.

Atividades como manipulação e mentira na apresentação dos resultados, fatos e transações financeiras são conhecidas como *contabilidade criativa*. (Jameson, 1988)

Fraudes contábeis, vazamento de informações privilegiadas, corrupção e sonegação são práticas duvidosas que **ameaçam a credibilidade** de várias corporações. O caso da norte-americana Enron Corporation é um dos melhores exemplos exemplo disso.

Uma das líderes mundiais no setor de distribuição de energia e comunicações, empregando quase 21 mil pessoas e com um faturamento de 101 bilhões de dólares em 2000, a Enron pediu concordata em dezembro de 2001. O que teria acontecido? Um escândalo financeiro foi a causa da falência. Na tentativa de esconder uma dívida de 25 bilhões de dólares, o que conseguiu fazer por dois anos, a Enron manipulou seus balanços financeiros (a chamada *contabilidade criativa*), aumentando seus lucros de forma indevida.

Alvo de diversas denúncias de fraudes contábeis e fiscais, o esquema da Enron foi derrubado graças a investigações. O governo dos Estados Unidos abriu vários inquéritos criminais contra executivos da empresa, que, além disso, foi processada pelas pessoas lesadas. De acordo com as investigações, os executivos e os contadores, assim como as instituições financeiras e os escritórios de advocacia que à época trabalhavam para a companhia, foram, de alguma forma e em diferentes graus, responsáveis pelo colapso da empresa, o que comprometeu seriamente a Arthur Andersen Consultoria, encarregada de sua auditoria.

Durante a apuração do caso, a Arthur Andersen foi acusada de obstrução da justiça nas investigações sobre a falência da Enron, pois alguns de seus funcionários teriam ordenado a destruição de milhares de documentos relacionados a possíveis fraudes depois do aviso judicial de que a referida empresa poderia ser investigada (Obringer, 2016). O envolvimento da Arthur Andersen no caso foi a causa do fim de uma das maiores empresas de auditoria do mundo.

Vários outros casos podem ser citados, como os da Adelphia Communications, da Merck, da Qwest, da Vivendi Universal, da Xerox e da WorldCom. Este último é o mais impressionante de todos.

Em 21 de julho de 2002, a gigante das telecomunicações norte-americana WorldCom entrou com pedido de proteção contra falência nos Estados Unidos. A empresa, na época a segunda maior provedora de serviços de telefonia de longa distância e de dados naquele país, revelou que havia contabilizado indevidamente 7,68 bilhões de dólares em seus balanços. Alvo de auditorias, em 2004 a organização reconheceu a fraude e decretou falência. Bernie Ebbers, seu presidente, foi processado e absolvido após recorrer à sentença, e o diretor financeiro, Scott Sullivan, assumiu a culpa e foi preso. Investidores, analistas e o público ficaram perplexos, pois viram os lucros anteriormente relatados se transformarem, de repente, em **perdas**. As irregularidades contábeis foram descobertas durante uma auditoria interna.

Figura 1.1 – Contabilidade criativa

Fonte: Adams, 2009, p. 35.

Os principais "pecados" que repetidamente afetavam as companhias americanas, criando sérios problemas de gerência, ocupavam a capa dos principais jornais e revistas, o que acabava por denigrir a imagem dessas organizações. O excesso de ambição por parte dos executivos das empresas, muitas vezes, com vistas apenas ao lucro pessoal, a falta de transparência na condução dos negócios e a ausência de um código de ética rígido na maioria das empresas americanas são alguns dos problemas identificados. Não é preciso ir muito longe para perceber que esses "pecados" estão muito presentes no ambiente corporativo ainda hoje.

Além dos exemplos já citados, podemos mencionar o Illinois Bank, nono banco dos Estados Unidos, e as brasileiras Coroa-Brastel, Delfin, Capemi, Halles e Brasilinvest, bem como diversas corretoras, como a Nahas, que desmoronaram por falta de procedimentos éticos. Esses deslizes mancham a imagem da empresa e, até mesmo, levam a ações judiciais contra ela, o que envolve também seus executivos. As recentes denúncias envolvendo a Petrobras num possível esquema de corrupção e desvio de fundos, independentemente dos resultados das apurações, já causaram um enorme prejuízo para a imagem da maior empresa estatal brasileira, com terríveis consequências para seus negócios.

De acordo com o *Global Integrity Index* (Índice de Integridade Global), produzido pela organização não governamental Global Integrity, de Washington (Estados Unidos), o Brasil, no que diz respeito à integridade, detém a condição de "moderado", inclusive no quesito *administração pública*. O último relatório do Global Integrity (2009) ressalta que, no Brasil, ainda prevalecem certas normas sociais não escritas, mas amplamente aceitas, segundo as quais é plausível pagar propina, enganar e tirar vantagens de cada situação. Além disso, menciona que é importante colocar um fim à cultura da "Lei de Gerson" (tirar vantagem de tudo), muito forte em nossas tradições.

O fato é que,

> *quando empresas recheadas de lucros e consideradas exemplos de gestão competente se envolvem em escândalos desta natureza, ou "quebram" ou ficam com a reputação para sempre comprometida por causa de manobras ilegais, pois há sempre a crescente dificuldade em se estabelecer parcerias e veicular publicidade quando o*

produto e/ou serviço não são bem vistos pela sociedade. (Stukart, 2003, p. 68)

Desconfiadas com relação à lisura das empresas, as pessoas ficaram mais críticas na hora de investir, o que provocou a necessidade de maior transparência por parte das companhias. Além do mais, nenhuma empresa sobrevive com a falência da sociedade na qual está inserida. Um dos pilares da dinâmica empresarial e do mundo dos negócios é a **confiança**. As organizações precisam ser **transparentes** no que diz respeito às suas atividades para com a sociedade, o que também vale para suas demonstrações financeiras.

"O desenvolvimento das organizações deve acontecer em harmonia com os sistemas econômico, político e cultural, nos quais elas estão inseridas." (Arruda, 2008, p. 7)

A boa conduta empresarial, além de reduzir riscos e prevenir danos aos negócios da organização, contribui, entre outros aspectos, para a fidelização de clientes e o bom relacionamento com a comunidade. A geração do bem-estar da coletividade também agrega valor às empresas.

Com o objetivo de restaurar a confiança que o público deposita nas empresas e também de prevenir as práticas fraudulentas, tem sido crescente o interesse das organizações públicas e privadas pelo tema da **governança corporativa**, um conceito de gestão relacionado aos princípios da equidade, da transparência e da responsabilidade, como será abordado a seguir.

Capítulo 2

Governança corporativa

Os escândalos corporativos que ocuparam as manchetes dos jornais, tais como os citados no capítulo anterior, colocaram a governança corporativa em evidência. A falta de integridade de empresas de auditoria e de seus clientes corporativos propiciou a desconfiança da sociedade e acelerou a necessidade da implantação de mecanismos para combater as fraudes e a corrupção.

Podemos até dizer que teve início uma reforma, com implicações num maior nível de regulação, indicando uma forte mudança na direção da prestação de contas e do fortalecimento da responsabilidade corporativa. Enquanto, no passado, apenas os acionistas eram afetados pelo gerenciamento ineficaz dos fundos, na atualidade, os escândalos corporativos provocaram o colapso de empresas inteiras. Isso atingiu um grande número de pessoas, incluindo os acionistas minoritários, cujos investimentos, pensões, poupanças e até meios de vida foram devastados da noite para o dia.

Acuados pela superexposição dos escândalos na mídia e pela pressão popular, governos e autoridades reguladoras viram-se diante da obrigação de reconstruir a confiança perdida pelas práticas abusivas das corporações. Assim, o movimento pela governança corporativa surgiu no cenário mundial na década de 1980, nos Estados Unidos, em virtude da preocupação das organizações com a ocorrência de crises e escândalos corporativos internacionais, que trouxeram à tona a necessidade de implantação de uma gestão voltada para a transparência.

A palavra *governança* é oriunda de sua raiz latina *gubernare*, que significa "governar", "dirigir", "guiar", e o termo *corporativa* deriva de *corporação* (do latim *corporis* e *actio*, "corpo" e "ação") e designa um grupo de pessoas que agem como se fossem um só corpo, buscando concretizar objetivos em comum, a exemplo de uma agremiação ou empresa. Governança corporativa é, portanto, o conjunto de processos, costumes, políticas, leis, regulamentos e instituições que regulam a maneira como uma empresa é dirigida, administrada ou controlada. O termo inclui também o estudo sobre as relações entre os diversos atores envolvidos – partes interessadas (*stakeholders*, em inglês) - e os objetivos pelos quais a empresa se orienta. Os principais *stakeholders* são os acionistas, a alta administração e o Conselho de Administração. Outros participantes da governança corporativa são os funcionários; os fornecedores; os clientes; os bancos e credores; as instituições reguladoras, como a Comissão de Valores Mobiliários (CVM) e o Banco Central; e a comunidade em geral.

"A governança corporativa é o sistema e a estrutura de poder que regem os mecanismos através dos quais as companhias são dirigidas e controladas." (Cadbury, citado por Andrade; Rossetti, 2006, p. 139)

O papel da governança corporativa é o de

> atender basicamente aos interesses dos acionistas, em compatibilização com os interesses dos empregados, clientes, fornecedores, credores e da comunidade em que opera a empresa. Sua operação envolve os grupos de poder vinculados à condução dos negócios, supervisiona e monitora o desempenho dos executivos, garantindo sua capacidade de prestar contas de seus atos aos acionistas e outros agentes interessados na empresa. (Rodrigues, 2003, p. 12)

Figura 2.1 - A organização e seus *stakeholders*

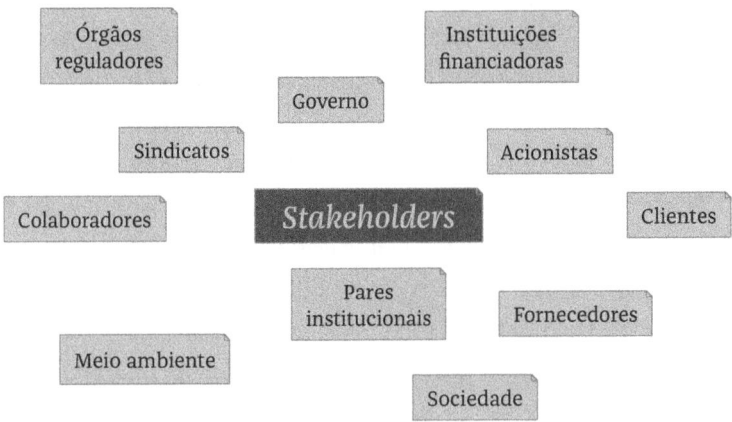

A governança corporativa trata das relações entre os acionistas e a administração superior de uma empresa. Seu objetivo é aumentar o valor de mercado da companhia por meio de seu gerenciamento, sem, entretanto, comprometer os interesses das demais partes envolvidas, o que implica um incremento da responsabilidade da organização, como veremos a seguir.

Por via de regra, com vistas a uma maior transparência, o processo de tomada de decisões numa empresa passaria pela definição de atribuições e responsabilidades dos conselhos e dos gestores. *Grosso modo*, os acionistas elegem em assembleias os membros do Conselho de Administração para empreender a gestão estratégica da organização. O Conselho de Administração, por sua vez, elege a Diretoria Executiva para exercer sua gestão operacional, bem como a Auditoria Externa e os membros do Conselho Fiscal. No caso de a empresa não ter Conselho de Administração, as duas gestões se centralizam na Diretoria Executiva.

Embora inicialmente focada no comportamento de instituições financeiras, a governança corporativa não deve ser restrita a esse campo de atuação. Seu efeito pode ser estendido, por exemplo, à prestação de serviços efetivos no segmento de tratamento de saúde, como um meio para se deixar claro como são feitas as novas indicações para a ocupação de cargos. Assim, ela permeia todos os aspectos das organizações públicas e privadas como um novo modo de se fazerem as coisas.

O fator-chave do crescente interesse pela governança corporativa é uma sensível **mudança de poder**, que agora está nas mãos dos clientes e de outros *stakeholders* ativistas (como acionistas minoritários), os quais podem exercer suas escolhas.

Para competirem e obterem sucesso, as organizações precisam ser percebidas como elementos proativos no que diz respeito à abordagem das questões de interesse de seus *stakeholders*. À medida que a governança corporativa passa a ocupar um papel primordial na agenda de governos e agências não governamentais, torna-se importante retomar a discussão sobre seu significado. *Governança* é o ato de governar, sendo que *governar* é administrar com autoridade, ou seja, exercer a função de governo, para regulamentar. Governar corresponde a uma faixa de ações, que vai da regra à influência, passando pelo autocontrole.

Em sua essência, a governança corporativa tem como principal objetivo recuperar a confiabilidade de determinada empresa e assegurá-la a seus acionistas. Isso cria um conjunto eficiente de mecanismos – tanto de incentivos quanto de monitoramento – para garantir que o comportamento dos executivos esteja sempre alinhado com o interesse dos acionistas.

A boa governança corporativa contribui para um desenvolvimento econômico sustentável, proporcionando melhorias no desempenho das empresas. Por esse motivo, é tão importante ter conselheiros qualificados e sistemas de governança corporativa de qualidade, evitando-se, assim, diversos fracassos empresariais, como abusos de poder, erros e fraudes.

"A governança corporativa trata de justiça, da transparência e da responsabilidade das empresas no trato de questões que envolvem os interesses do negócio e os da sociedade como um todo." (Williamson, citado por Andrade; Rossetti, 2006, p. 138)

De acordo com Lodi (2000), a governança corporativa tem como base os seguintes princípios fundamentais, ou "pilares":

1. **Fairness** – Pode ser traduzido como "**senso de justiça e de equidade**", que se constitui em um mecanismo para impedir discriminação ou privilégios, garantindo acesso a informações corretas e suficientes a todo o mercado, bem como assegurando a não utilização de informações privilegiadas ou oportunidades de negócio em benefício individual ou de terceiros.

2. **Disclosure** – Traduzido como "**transparência**", representa a adequação dos canais de informação, com dados acurados, registros contábeis fora de dúvida (princípio da evidenciação) e relatórios entregues nos prazos combinados.

3. **Accountability** – É a responsabilidade pela **prestação de contas** por parte dos que tomam as decisões de negócios.

4. **Compliance** – Refere-se à **obediência** às leis do país e ao seu cumprimento.

Esses princípios estão ligados à preocupação com a repercussão das atividades desenvolvidas pela organização, de modo que proporcionem bem-estar à sociedade. Eles têm a ver com o aperfeiçoamento das atividades empresariais, com vistas a melhorar a qualidade de vida dos funcionários das companhias sob os pontos de vista ético, social e ambiental. No próximo capítulo, esse tema será abordado com maiores detalhes.

Entre os propósitos da governança corporativa estão a criação de uma arquitetura de comando e a definição de regras orientadoras que assegurem o cumprimento da missão de uma empresa. A governança envolve diferentes funções, tais como:

- direção estratégica global da empresa;
- supervisão completa e sistêmica da empresa;
- administração da empresa de acordo com as diretrizes estratégicas gerais, com a missão elevada de gerar máximo valor à empresa em si e a seus *stakeholders* no longo prazo;
- monitoramento para fins de conformidade às leis, às regulamentações, aos comportamentos éticos e às responsabilidades ambientais e sociais.

As funções descritas geralmente estão combinadas, particularmente no caso das empresas de menor porte. Em geral, diferentes tipos e graus de sobreposição estão presentes em todas as organizações. Nas empresas públicas, a tendência é haver uma separação clara de funções, processo similar à separação entre os Poderes Legislativo, Executivo e Judiciário, identificada nas instituições políticas. Na realidade, uma boa governança enfatiza a separação e o equilíbrio de funções e, portanto, de poder, para o bem dos próprios *stakeholders*.

 "A governança corporativa é expressa por um sistema de valores que rege as organizações e sua rede de relações internas e externas." (Caldbury, citado por Andrade; Rossetti, 2006, p. 140)

O objetivo principal da governança corporativa deve ser o de promover um desempenho bem-sucedido no longo prazo e fazer com que todos os *stakeholders* se beneficiem disso. A autoavaliação, geralmente anual, que as empresas fazem pode ser uma ferramenta poderosa para identificar as causas dos entraves e trazê-los para a atenção do Conselho de Administração.

A governança corporativa reflete os padrões da companhia, os quais, por sua vez, reproduzem os padrões de comportamento da sociedade. Dessa forma, é possível sugerir a ideia de que os padrões éticos e de responsabilidade para com a sociedade (responsabilidade social) estão na base da governança corporativa, dando sustentação aos seus princípios fundamentais.

Figura 2.2 – Ética e responsabilidade como alicerces da boa governança

Fonte: Elaborado com base em Andrade; Rossetti, 2006.

Em outras palavras, a integridade ética deve permear todos os sistemas de relações internas e externas da empresa. Isso inclui senso de justiça, integridade, competência, envolvimento construtivo no trato dos negócios e responsabilidade corporativa, o que discutiremos no próximo capítulo.

Neste ponto da leitura, você deve estar se perguntando: Qual é a importância do estudo e das ferramentas da governança corporativa para o Brasil? Seriam instrumentos eficientes ou mais um modismo a ser implantado?

Para a compreensão da governança no Brasil, o Instituto Brasileiro de Governança Corporativa – IBGC (2016) ressalta sua importância em assegurar aos sócios proprietários o governo estratégico da empresa e a efetiva monitoração da Diretoria Executiva. A relação entre propriedade e gestão se dá por intermédio do Conselho de Administração, da Auditoria Independente e do Conselho Fiscal, instrumentos fundamentais para o exercício do controle, no qual *transparência* é a palavra de ordem.

Como você pode perceber, é excepcional a contribuição dos estudos de governança corporativa para o país. O propósito é o de controle e de coordenação e integração entre unidades que estão em torno da área executiva superior das empresas. Infelizmente, no Brasil, ainda temos pouco envolvimento com as rotinas, os processos, as normas e os padrões que dão solidez às práticas de governança. Em muitos casos, não há eficiência nem transparência nas metodologias utilizadas e, lamentavelmente, quando há indícios de irregularidades, estas já foram cometidas.

Machado Filho (2006) chama a atenção para o fato de o empresariado brasileiro médio ainda ser reticente quanto aos processos de abertura de capital e divisão do controle de suas empresas. Mesmo assim, a necessidade das empresas de adotar padrões mais elevados de transparência e prestação de contas, submetendo-se até mesmo a processos de auditoria e outras normas legais, tem conduzido seus proprietários na direção da **boa governança**.

Nesse contexto, cabe assinalar que uma das principais razões para o estudo da governança corporativa no país foi a participação cada vez maior dos fundos de pensão nas empresas brasileiras. Impossível imaginar que um fundo de pensão invista maciçamente em empresas e não tenha meios formais e expressivos de conhecer a realidade empresarial – melhor, impossível não saber exatamente o que está acontecendo com os valores investidos.

Portanto, a governança corporativa está evoluindo com progressiva expressão à medida que os fundos de pensão e os de investimento adquirem cada vez maior participação nas empresas, pela aplicação de seus crescentes portfólios em ações, e necessitam que elas aumentem seus valores para que as cotas de seus fundos transmitam essa valorização a seus cotistas.

No cenário atual, as empresas brasileiras estão exportando seus produtos e concorrendo globalmente com várias outras companhias, o que significa que a abrangência de seus negócios passou a ser internacional. Isso implica a necessidade de se estabelecerem sistemas eficientes de governança corporativa, que devem priorizar a ética, a transparência e a responsabilidade social, fatores imprescindíveis para qualquer empresa que deseja competir globalmente.

A governança corporativa torna-se, assim, um fator cada vez mais importante para que as empresas brasileiras obtenham acesso a capitais externos a custos competitivos, em especial no que se refere às organizações baseadas no conhecimento. Além disso, torna-se crucial no apoio ao setor privado em face do crescimento econômico e na canalização de poupanças para novos investimentos.

A capacidade de produzir, gerenciar e disseminar conhecimentos com sucesso é fundamental para que uma organização obtenha vantagem competitiva com relação às outras. Somam-se a essa capacidade as consequências da evolução das tecnologias de comunicação e sua aplicação nas organizações, bem como a rapidez no fluxo de informações e sua disseminação com alcance muito mais amplo. A intensificação do processo de produção de conhecimento a partir de informações passa a exigir novos comportamentos, principalmente dos ocupantes de cargos em nível de gerência institucional.

Entre os novos comportamentos exigidos está a **integridade ética** da organização. A pergunta que se faz é: pode uma organização ter boas práticas de governança corporativa se não se pautar pela ética em suas atividades?

Capítulo 3

Ética nos negócios

Vimos que a governança corporativa tem por base os princípios da transparência, da equidade, da prestação de contas e da ética. Ou seja, **ética e governança corporativa** devem andar sempre **juntas**. Mas nem sempre é assim, pois ainda se acredita na cultura de que uma empresa existe apenas para dar lucro, o qual deve ser obtido a qualquer preço, custe o que custar.

É comum vermos empresários recorrerem a práticas duvidosas – e até ilícitas – na condução de seus negócios, com a desculpa de que "os fins justificam os meios", sendo que o termo *fins* aqui se refere aos lucros e que nem sempre são utilizados os métodos mais corretos para atingi-los.

"Antigamente, sugerir aos empresários para que incorporassem a ética em suas atividades de negócio era o mesmo que pedir que ingressarem num convento franciscano." (Alencastro, 2012, p. 60-61)

Essa situação, no entanto, está em processo de mudança. Isso talvez se deva às profundas alterações no mundo dos negócios que caracterizaram as décadas de 1980 e 1990, as quais ainda estão em curso. Pode ser também uma reação aos sucessivos escândalos corporativos que frequentemente mancham as primeiras páginas dos jornais, denunciando uma lamentável "quebra" nos princípios éticos que deveriam nortear o mundo dos negócios.

Stephen Potts e Ingrid Lohr Matuszewsk (citados por Álvares; Giacometti; Gusso, 2008, p. 36) reforçam esse ponto de vista ao argumentarem "que a ética constitui um conceito crítico para a governança corporativa" porque, após a crise de confiança mundial, consequência dos escândalos corporativos ocorridos nos Estados Unidos, se tornou fundamental o fortalecimento da ética empresarial, o que se materializou, entre outras iniciativas, na implementação de **códigos de ética** e **regras mais rígidas** para a condução dos negócios. A ética passou a ser entendida como parte da cultura organizacional das empresas, e não mais apenas como um conceito abstrato e sem aplicação no contexto empresarial.

Atualmente, existe um grande debate sobre a questão do lucro nas empresas, pois há o entendimento de que, se o lucro é primordial, ele é uma consequência das boas práticas de negócio e poderá desaparecer caso a empresa não trate bem seus clientes. Da mesma forma, se não souber desenvolver parcerias duradouras, com ética e transparência, poderá ter grandes prejuízos no futuro. Com a imagem prejudicada, dificilmente continuará em atividade. O fato é que não adianta investir muito dinheiro em publicidade e propaganda se, em contrapartida, a organização não tiver credibilidade no mercado.

A questão ética também passou a ser, a partir da segunda metade da década de 1980, tema central de estudo e discussão nos meios acadêmicos e empresariais. Existe uma grande bibliografia sobre o assunto nas empresas, e a maioria das escolas de administração está incluindo a disciplina em seu currículo. O melhor exemplo foi a criação, pela Universidade de Harvard (Estados Unidos), de um curso de ética para executivos, no qual se aprende a tomar decisões baseadas em critérios éticos. A American Assembly of Collegiate Schools of Business (AACSB) exige a inclusão da disciplina Ética nos Negócios nos programas dos cursos universitários das instituições que pretendem formar profissionais nas áreas de administração e negócios.

No Brasil, o Instituto Ethos de Empresas e Responsabilidade Social, criado em 1998 por um grupo de empresários e executivos da iniciativa privada, tem por missão mobilizar, sensibilizar e ajudar as empresas a gerir seus negócios de forma socialmente responsável, tornando-as parceiras na construção de uma sociedade justa e sustentável (Instituto Ethos, 2016). O referido instituto se propõe a ajudar as empresas a implementar políticas e práticas que atendam a elevados critérios éticos, com vistas ao alcance do sucesso econômico sustentável em longo prazo, assumindo, assim, suas responsabilidades perante todos aqueles que são atingidos por suas atividades.

A ética engloba a esfera das relações humanas, ocupando-se em fundamentar a natureza da vida correta no seio de uma determinada comunidade. Sobre sua etimologia, trata-se de um termo polissêmico, comumente traduzido como "ciência da conduta". (Abbagnano, 1998, p. 380)

Hoje, quando falamos de ética, valores, integridade e responsabilidade, não podemos mais ser acusados de pregar ideais românticos ou de defender ficção corporativa, pois esses temas estão sendo abraçados pela comunidade empresarial.

É como se a necessidade de sobrevivência estivesse impondo às empresas uma urgente retomada de atitudes e de valores éticos. Afinal, qual empresa teria condições de sobreviver e prosperar num clima de falência econômica, social e ambiental? As empresas não podem, por exemplo, continuar gerando altos custos ecológicos em suas operações, pois seus interesses estariam colidindo com os da sociedade, cada vez mais preocupada e exigente em relação à preservação do meio ambiente.

Quando uma empresa se preocupa, por exemplo, com as questões ambientais e com o bem-estar social – preocupações evidentemente éticas –, aumenta suas chances de sobrevivência, pois adquire uma imagem positiva perante a sociedade. Assim, ter padrões éticos significa trazer como benefícios a estabilidade nas relações com parceiros e a habilidade de atrair talentos, o que se reverte em bons negócios a médio e a longo prazo.

A ética nos negócios, ou ética empresarial, é "comportamento da empresa entendida como lucrativa quando age de conformidade com os princípios morais e as regras do bem proceder aceitas pela coletividade (regras éticas)". (Moreira, 1999, p. 28)

Boas decisões empresariais podem resultar de decisões morais ou éticas. Uma empresa é considerada ética se adota uma postura íntegra como estratégia de negócios, ou seja, age de forma honesta com seus *stakeholders*, o que implica, por exemplo, respeitar todos os compromissos assumidos. Os valores, os rumos e as expectativas corporativas devem levar em conta todo esse universo de relacionamento. Para avaliar seu desempenho, devem-se considerar também seu esforço no cumprimento de suas responsabilidades públicas e sua atuação como boa cidadã.

A ética nos negócios é, portanto, um aspecto importante na governança corporativa. A premissa-chave de tal conceito baseia-se fundamentalmente em sua habilidade de manter um relacionamento positivo, caracterizado por respeito mútuo (Andersen, 2007), e construtivo com seus *stakeholders*.

O relacionamento da organização com todas as partes interessadas deve se desenvolver com base num comportamento ético, de maneira que isso resulte em **reciprocidade** no tratamento. Esse princípio se aplica a todos os aspectos de negociação e relacionamento com clientes e fornecedores. Ele também é aplicável no que diz respeito aos funcionários, nos quais se deve **confiar** sempre, até que se prove o contrário. Portanto, o respeito à sua individualidade e ao sentimento coletivo, inclusive quanto à representação sindical, deve ser uma regra básica. O mesmo valor se aplica à comunidade e a qualquer entidade ou indivíduo que mantenha contato com a organização.

O fundo de investimentos Lens – constituído em 1992 por Robert Monks, que efetivou um novo modelo de gestão para consolidar melhores resultados e maior valor para as empresas – demonstra que as empresas éticas e com valores de atuação sólidos têm forte sustentação para suas possíveis recuperações (Oliveira, 2011).

Códigos de conduta, regulamentos, responsabilidade social, políticas, contratos e liderança são exemplos de como as empresas podem desenvolver sua ética no contato com a sociedade. Tudo gira em torno de um bom relacionamento com os *stakeholders*. Ao reconhecerem o fato de que o campo de suas decisões deve envolver os interesses dos *stakeholders*, as organizações devem buscar elementos balizadores para negociar seus objetivos estratégicos com eles. Administrar, agora, é administrar para os *stakeholders* – e isso vai além dos interesses dos acionistas.

Segundo o conceito das melhores práticas de governança corporativa, além do respeito às leis do país, toda empresa deve ter um código de ética (ou código de conduta) que envolva sua administração e seus colaboradores. Mas o que vem a ser um **código de ética empresarial**?

Geralmente elaborado pela Diretoria e aprovado pelo Conselho de Administração, o código de ética é um documento que se presta a divulgar e a colocar em vigência na empresa o desdobramento de suas políticas, sua missão e seus valores. Nele está descrita a responsabilidade ética da empresa em relação a todas as pessoas que têm interesses investidos nela, apresentando um conjunto de princípios e crenças que podem servir para orientar e dirigir os colaboradores.

"Um código de ética tem a missão de padronizar e formalizar o entendimento da organização empresarial em seus diversos relacionamentos e operações" para evitar que os julgamentos subjetivos deturpem, impeçam ou restrinjam a aplicação plena de seus princípios. (Moreira, 1999)

O código de conduta é um instrumento deontológico que define e comunica os padrões de comportamento ético a serem adotados pelos colaboradores, especialmente por aqueles que têm a oportunidade de influenciar significativamente os valores, a cultura, a integridade, a estratégia e a operação da organização e das pessoas que atuam em seu nome – é o caso dos **executivos** e dos **gestores**.

Deontologia (do grego δέον, translit. *deon*, "dever, obrigação" + λόγος, *logos*, "ciência"), na filosofia moral contemporânea, é uma teoria normativa segundo a qual as escolhas são moralmente necessárias, proibidas ou permitidas. Também pode ser entendida como teoria dos deveres especiais de uma dada profissão.

A percepção dos valores é algo individual e muito subjetivo, pois os indivíduos têm perspectivas e entendimentos diferenciados sobre os fatos da vida. Logo, para evitar mal-entendidos, é necessário que os valores corporativos sejam disseminados da maneira mais clara possível, de modo que todos compreendam o que a empresa espera. Daí a importância do código de ética.

Atualmente, a maioria das organizações tem um código de conduta. As mais criteriosas, além de editarem o código, complementam-no com uma série de diretrizes, todas alinhadas à missão, à visão e aos valores da empresa.

Geralmente, os códigos de conduta das empresas privadas têm seu foco nas **relações comerciais**, tendo em vista a competição concorrencial e os conflitos de interesse.

Relacionamos, a seguir, alguns tópicos de interesse que um código de ética deve contemplar.

1. **Atitudes diante de preceitos legais ou regulamentos da empresa**
Os colaboradores devem agir sempre em conformidade com a legislação vigente, bem como respeitar as normas da empresa, sem infringir qualquer regulamentação à qual esteja sujeita. Entretanto, nem sempre isso acontece. Por precaução, muitas empresas, além de intensificarem a disseminação de seus códigos de conduta, fazem com que seus colaboradores assinem seu recebimento, o que é, no mínimo, uma garantia legal de que todos tiveram acesso ao documento.

2. **Limites para brindes, presentes, gratificações ou qualquer outro benefício pessoal que podem ser aceitos por seus funcionários e executivos**
Os brindes oferecidos ou trocados por empregados de diferentes empresas apresentam muitas variações. Vão desde artigos de publicidade, com valor simbólico, até presentes de alto valor aquisitivo, o que pode caracterizar suborno. É importante que a organização deixe bem claro o que pode ser recebido e oferecido em termos de gentilezas comerciais. O código de conduta deve informar claramente que é vetado a todos os integrantes da empresa oferecer, prometer, conceder, autorizar, aceitar ou receber, direta ou indiretamente, qualquer tipo de presente, entretenimento, agrado etc. que possa ser interpretado como vantagem indevida, propina, suborno ou pagamento impróprio e/ou ilícito a um agente público, privado ou do terceiro setor.

3. **Adulteração de registros contábeis (contabilidade criativa)**
Como você já sabe, a contabilidade criativa é um dos principais problemas que afetam as empresas e que comprometem a boa governabilidade. A fidedignidade e a transparência da contabilidade da

empresa são fundamentais. A legislação, as normas e os princípios contábeis aceitos e seguidos no país devem ser rigorosamente observados. *Transparência* é a palavra de ordem e todos devem assumir o compromisso de preservá-la.

4. Atividades políticas

Em muitos países, não é permitido fazer contribuições ou doações de fundos para partidos ou candidatos políticos. No Brasil, ainda é. É importante que todos fiquem cientes de que as contribuições devem acontecer conforme a lei e com a aprovação do Conselho de Administração da empresa.

5. Sigilo quanto a informações privilegiadas

A utilização de informações privilegiadas ou de caráter restrito à empresa para benefício próprio é uma prática antiética e ilegal, constituindo-se em séria infração à lei. Todos devem estar cientes dos riscos e das penalidades que tal prática acarreta.

6. Conflito de interesses entre o colaborador e a empresa

É comum um colaborador utilizar seus contatos, sua posição, seus dados ou informações confidenciais ou até mesmo recursos da empresa para ampliar seus negócios e investimentos particulares. Tal prática é inaceitável e passível de punição. O código deve ser muito claro quanto a esse aspecto.

7. Sonegação fiscal

Em termos de governabilidade, a empresa deve evitar e coibir a fraude ou a sonegação fiscal de todas as formas. A sonegação é um ato voluntário, consciente, em que o contribuinte busca se omitir do imposto devido. A não emissão de notas fiscais ou a venda de bem ao sócio ou a pessoa ligada a ele por valor inferior ao de mercado caracterizam sonegação, pois são procedimentos que violam diretamente a lei ou o regulamento fiscal.

8. **Meio ambiente**
É importante a empresa enfatizar seu compromisso com a qualidade de vida e com o meio ambiente, tendo como base os princípios do desenvolvimento sustentável.

9. **Assédio moral e sexual**
O assédio moral deve ser combatido de todas as formas. Trata-se da exposição frequente do empregado a situações humilhantes e constrangedoras no ambiente de trabalho. Advertências feitas de forma humilhante e na frente dos outros empregados, insultos e grosserias por parte de superiores, preconceitos, autoritarismo exagerado por parte das chefias, solicitação de tarefas impossíveis de se realizar e assédio sexual (talvez a forma mais grave de assédio moral) são exemplos de práticas que devem ser evitadas, o que deve estar claro no código de conduta.

10. **Uso de álcool ou de drogas ilícitas**
Deve ficar claro para os colaboradores que o uso, a distribuição, a venda ou a posse de álcool ou de drogas durante o expediente impedem o colaborador de desempenhar suas atividades na empresa.

Além dos tópicos citados, o código de conduta poderia incluir a abordagem de aspectos como segurança no trabalho, relações com a comunidade, confidencialidade pessoal, direito à privacidade, propaganda enganosa e qualquer outro elemento que evidencie o que a empresa espera de seus gestores e colaboradores no que diz respeito à ética.

Apresentamos a seguir o código de conduta da Jurubeba Comércio e Indústria Ltda., uma empresa fictícia, mas cujo código de ética, pela simplicidade e pela clareza dos princípios explicitados, é um ótimo exemplo de como não deixar margem para dúvidas quanto à conduta a ser adotada por qualquer membro da organização.

Código de Conduta da Jurubeba Comércio e Indústria Ltda.

1. Os colaboradores da Jurubeba devem exercer suas funções em conformidade com as leis do país no qual trabalham.
2. Os colaboradores devem agir com honestidade, lealdade e integridade para com os colegas, com a empresa e com nossos clientes.
3. Os nossos clientes também devem ter assegurados a qualidade dos produtos e dos serviços, bem como um atendimento de excelência.
4. A discriminação de raça, religião, idade, sexo, orientação sexual ou quanto a condições físicas dos indivíduos não é permitida no âmbito da empresa.
5. Os assédios moral e sexual são inaceitáveis na nossa empresa.
6. É dever de todos zelar pela imagem corporativa da Jurubeba.
7. Os ativos tangíveis e intangíveis da empresa são responsabilidade de todos, sendo que os recursos da empresa só podem ser utilizados para fins de trabalho.
8. A confidencialidade dos dados e das informações privativas da empresa deve ser preservada.
9. A segurança e a qualidade de vida dos colaboradores são preocupações prioritárias e permanentes da empresa.
10. O crescimento da Jurubeba deve acontecer de forma sustentável, sempre em harmonia com a comunidade e respeitando as demandas ambientais.

Fonte: **Alencastro, 2012, p. 75-76.**

Por tudo o que foi discutido, percebemos que, nos dias atuais, o grande desafio das empresas vai além da simples geração de riquezas. O próprio conceito de *riqueza* já é visto de outra forma, pois, além de bens materiais tangíveis, agrega valores intangíveis (éticos), como a preservação do meio ambiente, o desenvolvimento sustentável, a dignidade no trabalho e o respeito aos consumidores.

As empresas não perderão seu caráter essencial de geradoras de riqueza, mas passarão a fazê-lo de forma socialmente responsável, assumindo seu papel no que pode ser chamado de **cidadania empresarial**, elemento fundamental da governança corporativa. A opção pelas boas práticas empresariais tem conduzido as empresas a assumir a responsabilidade social, relacionando essas ações com um melhor desempenho, a sustentabilidade e a perenidade de seus negócios. Isso implica o **aperfeiçoamento** das atividades corporativas, com vistas a melhorar sua conduta ética, o que, para o professor de Filosofia e Administração da Universidade do Texas Robert C. Solomon (2000), é a base da responsabilidade social, próximo assunto a ser examinado.

Capítulo 4
Responsabilidade social

Responsabilidade social e governança corporativa caminham juntas. Embora, numa primeira abordagem, o tema *governança corporativa* pareça algo burocrático, reforçamos aqui sua ligação com a responsabilidade social. Essa conexão se dá pelo fato de esta sempre colocar os interesses de todos os *stakeholders* envolvidos em primeiro plano nos processos decisórios das organizações. Além disso, ambas têm por base os princípios dos *stakeholders*, o que envolve, entre outros aspectos, o tratamento dado aos colaboradores, a transparência, as práticas de gestão aderentes à ética empresarial e o cumprimento das normas ambientais.

> "O conceito de responsabilidade social corporativa está intimamente ligado à governança corporativa a partir de uma razão simples: uma depende da outra. Para ser responsável socialmente a empresa é obrigada a praticar a governança em sua essência. Neste contexto, a valorização do acionista minoritário é apenas um aspecto. A empresa deve levar em consideração os anseios do investidor, dos colaboradores, dos fornecedores, dos consumidores, das instâncias governamentais e entidades do terceiro setor." (Pereira; Vilaschi; 2006, p. 136)

Sempre que se avalia a governança corporativa de uma organização, um dos itens a ser verificado é sua responsabilidade social. Há uma tendência a cobrar das empresas que elas assumam um novo papel no processo de desenvolvimento, isto é, que sejam agentes de uma nova cultura, atores de mudanças sociais e construtores de uma sociedade melhor.

No Brasil, por exemplo, o movimento de valorização da responsabilidade social empresarial ganhou um forte impulso na década de 1990, por meio da ação de entidades não governamentais, institutos e empresas sensibilizadas com a questão. Mas o que vem a ser **responsabilidade social**?

Uma definição clássica, atribuída ao renomado economista Paul Samuelson, traduz a responsabilidade social como "a capacidade desenvolvida pelas organizações de ouvir, compreender e satisfazer expectativas/interesses legítimos de seus diversos públicos" (Samuelson, citado por Guimarães, 1984, p. 216).

A responsabilidade social é "toda e qualquer ação que possa contribuir para a melhoria da qualidade de vida na sociedade, ou seja, o compromisso que a empresa tem para com um desenvolvimento econômico sustentável, trabalhando, entre outras ações, para o bem-estar e melhoramento da qualidade de vida dos empregados, suas famílias e comunidade local em geral". (WBCSD, 2000, p. 3)

Já o Instituto Ethos de Empresas e Responsabilidade Social assim conceitua a responsabilidade social empresarial:

forma de gestão que se define pela relação ética e transparente da empresa com todos os públicos com os quais ela se relaciona e pelo estabelecimento de metas empresariais que impulsionem o desenvolvimento sustentável da sociedade, preservando recursos ambientais e culturais para as gerações futuras, respeitando a diversidade e promovendo a redução das desigualdades sociais.
(Instituto Ethos, 2013, p. 16)

Merece destaque também o modelo conceitual proposto por Archie Carroll (1991), que aborda a responsabilidade social pela ótica tanto do desempenho empresarial quanto do comportamento empresarial responsável. Esse é um modelo que contempla a responsabilidade econômica da empresa perante os clientes, considerando-se que a imagem organizacional vinculada a esse aspecto pode tornar a organização produtiva e rentável; sem esse elemento, a organização não sobrevive e não viabiliza seu envolvimento social, tal como representado na Figura 4.1.

Figura 4.1 - A pirâmide de Carroll

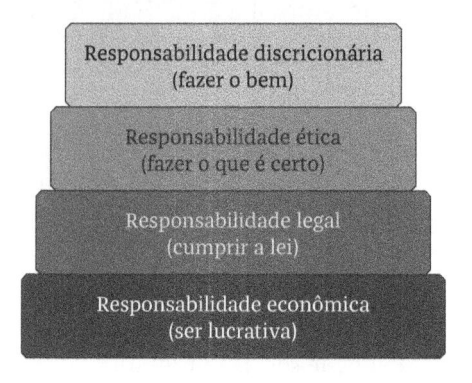

```
        Responsabilidade discricionária
              (fazer o bem)
         Responsabilidade ética
          (fazer o que é certo)
        Responsabilidade legal
           (cumprir a lei)
      Responsabilidade econômica
            (ser lucrativa)
```

Fonte: Adaptado de Carrol, 1991, p. 42, tradução nossa.

Pela análise da figura, fica claro que a **dimensão econômica** é indispensável para a geração de empregos, a realização de investimentos e o pagamento de taxas e impostos. Isso significa que pode influenciar diretamente os outros critérios. Sem esse elemento, nada acontece e, por isso, é a base da pirâmide.

> "Empresas socialmente responsáveis estão melhor preparadas para assegurar a sustentabilidade a longo prazo dos negócios, por estarem sincronizadas com as novas dinâmicas que afetam a sociedade e o mundo empresarial." (Tude; Mello; Vasconcelos, 2012, p. 122)

A **dimensão legal** da responsabilidade social consiste no respeito às regras do jogo, ou seja, a obrigação que a empresa tem de respeitar as leis da sociedade em que está inserida. A **dimensão ética** representa o compromisso de se fazer o que é correto, mesmo que tais ações não estejam contempladas formalmente nas leis determinadas pela sociedade. A **dimensão discricionária** (ou filantrópica) é uma extensão da dimensão ética e compreende as contribuições relacionadas ao arbítrio individual ou voluntário para a sociedade com vistas à qualidade de vida e à sustentabilidade socioambiental.

Maxwell (2001) nos lembra de que os princípios éticos devem dar o tom da responsabilidade social. No atual ambiente empresarial, a transparência é a alma do negócio, uma vez que, além de gerar respeito e confiança, preserva a imagem e a boa reputação da empresa.

Até meados da década de 1970, uma empresa era considerada sustentável se ela fosse economicamente saudável, ou seja, apresentasse um bom patrimônio e um lucro sempre em crescimento; essa visão, porém, está sendo mudada. O modelo usado é o do *triple bottom line*, ou **tripé da sustentabilidade** (Figura 4.2), expressão apresentada pelo economista John Elkington (1997). O *triple bottom line* ficou conhecido como os **3 Ps** (*people, planet and profit*), pois se manifesta em três dimensões (gente ou capital humano, planeta ou capital natural e benefício econômico), as quais devem interagir para que se atinja um desenvolvimento sustentável.

A dimensão **people** se refere ao capital humano de uma empresa ou sociedade: é sua responsabilidade social. Envolve aspectos como salários justos, adequação à legislação trabalhista, ambiente de trabalho saudável e bom relacionamento com a sociedade em geral. A dimensão **planet** é o capital natural de uma empresa ou sociedade, as quais devem pensar em formas de diminuir e compensar seus impactos ambientais negativos. A dimensão **profit** é o resultado econômico positivo (lucro) de uma empresa, sem o qual ela não sobreviveria, mas que, agora, deve levar em conta os outros dois aspectos.

Figura 4.2 – Tripé da sustentabilidade

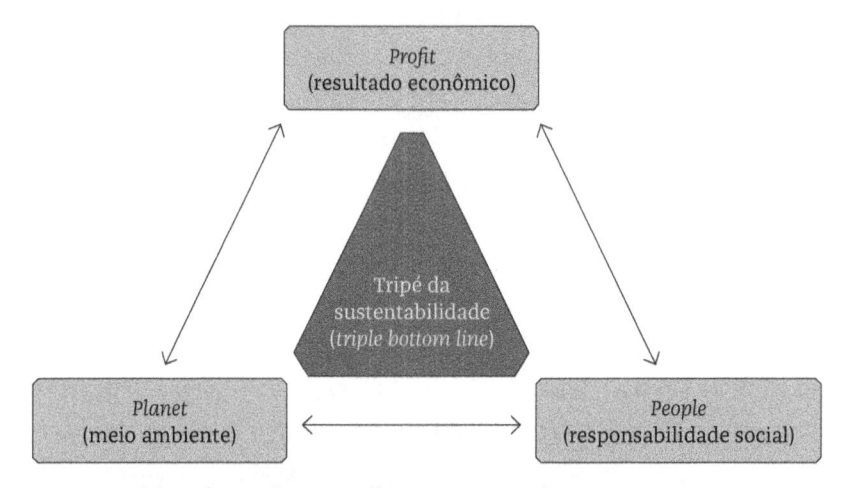

```
                    Profit
              (resultado econômico)
                   ↗       ↖
                  /           \
                 /   Tripé da   \
                /  sustentabilidade \
                \  (triple bottom line) /
                 \           /
                  ↙         ↘
        Planet    ←——————→    People
   (meio ambiente)         (responsabilidade social)
```

Fonte: Elaborado com base em Elkington, 1997, tradução nossa.

Atualmente, discute-se bastante sobre a criação e a adoção de normas voluntárias de responsabilidade social. Existem várias iniciativas nesse sentido, pois há a necessidade de que, além dos códigos de conduta internos adotados pelas empresas – muitos dos quais apresentam regras para o trato com os *stakeholders* –, sejam desenvolvidas algumas referências internacionais a serem observadas.

Muito conhecida, a Social Accountability 8000 (SA 8000) é a primeira certificação internacional com alcance global que trata da questão da responsabilidade social. É mantida pela organização não governamental norte-americana Social Accountability International (SAI), que se dedica ao desenvolvimento, à implementação e à supervisão de normas de responsabilidade social comprováveis e voluntárias. Tem como base a Declaração Universal dos Direitos Humanos, a Convenção sobre os Direitos da Criança, da Organização das Nações Unidas (ONU), e as diretrizes da Organização Internacional do Trabalho (OIT). Além desses documentos de referência, a SA 8000 verifica se as legislações locais estão sendo cumpridas no que diz respeito aos direitos dos trabalhadores e das crianças (SAI, 2008).

Mais recente, porém de maior interesse para a governança corporativa, é a Norma Internacional ISO 26000 – Diretrizes sobre Responsabilidade Social. De acordo com o texto da ISO 26000 (Inmetro, 2012), a responsabilidade social se expressa pelo propósito das organizações em incorporarem considerações socioambientais em seus processos decisórios, responsabilizando-se pelos impactos de suas decisões e atividades na sociedade e no meio ambiente. Isso implica um comportamento ético e transparente que contribua para o desenvolvimento sustentável, esteja em conformidade com as leis aplicáveis e seja consistente com as normas internacionais.

Entre os temas centrais da ISO 26000 estão a **práticas leais de operação**, que são as ações anticorrupção, o envolvimento político responsável, a concorrência leal e o respeito aos direitos de propriedade; as **questões dos consumidores**, que incluem o *marketing* leal, as informações factuais e não tendenciosas, as práticas contratuais justas, a proteção à saúde/segurança do consumidor etc.; o **consumo sustentável** e a **proteção/privacidade dos dados do consumidor**.

Quanto ao comportamento dos executivos, a norma presume que deve alinhar-se com os interesses dos *stakeholders*, sempre pautados pela ética e pela responsabilidade corporativa. A questão do comportamento das lideranças empresariais assume aqui uma grande importância, como veremos a seguir.

Fica, para nós, sempre uma dúvida: É mesmo possível encontrar empresas socialmente responsáveis? Quais seriam os critérios adotados? As companhias, atualmente, não se baseiam exclusivamente nos resultados apontados nos demonstrativos financeiros; elas vão além, analisando os indicadores financeiros como um conjunto de valores éticos e de práticas sociais. É o que fazem as empresas socialmente responsáveis.

As organizações devem enfatizar suas responsabilidades públicas e praticar a **boa cidadania**. A responsabilidade pública se refere às expectativas básicas da organização quanto à ética nos negócios, à atenção à saúde pública, à segurança e à proteção ambiental. Os enfoques relativos à saúde, à segurança e à proteção ambiental devem levar em conta as operações da organização, bem como o ciclo de vida dos produtos.

Em outras palavras, podemos afirmar que a responsabilidade social está unida à liderança e ao apoio, a objetivos que vão ao encontro dos interesses sociais (Gadioli et al., 2006). Além dos já citados, esses objetivos podem abranger parcerias com escolas, visando à melhoria da qualidade da educação e à excelência na proteção e na conservação de recursos naturais, bem como ao apoio a serviços comunitários e à promoção da cultura, do esporte e do lazer.

Fatores como a conservação de recursos e a redução de rejeitos na origem precisam ser considerados. O planejamento no tocante à saúde pública, à segurança e à proteção ambiental deve prever impactos adversos decorrentes das instalações, da produção, da distribuição, do transporte, do uso e descarte e da reciclagem final de produtos.

> As principais ações de responsabilidade social promovidas pelas empresas brasileiras concentram-se nas áreas de meio ambiente, apoio à cultura, segurança, qualificação profissional, esporte, desenvolvimento comunitário e mobilização social, lazer e recreação, educação/alfabetização, saúde, assistência social e alimentação e abastecimento. (Ipea, 2006)

As empresas socialmente responsáveis vão além das suas obrigações legais – por exemplo, pagar impostos e respeitar as exigências de segurança e saúde para os trabalhadores – e contribuem efetivamente para o bem-estar social.

A fidelização de clientes e a capacidade de atração de novos consumidores também têm demonstrado melhoras em um grande número de casos em que as organizações adotam uma postura ética e responsável.

Se todos fizessem um esforço para se comportarem de acordo com os padrões éticos estabelecidos, tanto na vida pessoal como na profissional, haveria uma grande probabilidade de o mundo se tornar um lugar melhor para todos nós.

Um problema tem ocorrido sempre que a literatura existente tende a focar os aspectos mais grandiosos da ética e a dar poucas recomendações sobre como proceder no processo de mudança para um novo rumo. Ao mudar a abordagem nos negócios para um cenário socialmente mais responsável, a organização não será forçada a transformar drasticamente sua configuração ou o modo como é administrada.

A teoria clássica é firme na crença de que, caso as empresas cuidassem de suas responsabilidades legais e econômicas de maneira adequada e se os lucros fossem maximizados continuamente, então elas cumpririam suas responsabilidades perante a sociedade. De acordo com essa escola, a única obrigação da empresa é gerar lucros para seus acionistas dentro dos limites legais.

> Segundo Milton Friedman, "há uma e apenas uma responsabilidade social das empresas – usar seus recursos e envolver-se em atividades destinadas a aumentar seus lucros, desde que permaneçam dentro das regras do jogo, ou seja, se engajem na concorrência aberta e livre, mas sem engano ou fraude". (Social..., 2013)

Segundo Montana e Charnov (1998), o maior defensor do ponto de vista clássico foi o economista Milton Friedman, ganhador do Prêmio Nobel, para quem a responsabilidade primária de uma empresa consiste em dirigir os negócios com a finalidade de proteger os interesses dos acionistas, isto é, obter um rendimento financeiro. Na visão clássica, a responsabilidade de uma empresa resume-se em compromisso com acionistas (lucro), trabalhadores (salário), governo (impostos) e comunidade (ações filantrópicas pontuais).

Por outro lado, encontramos a posição socioeconômica, defendida por Edward Freeman e Paul Samuelson, segundo a qual a responsabilidade da administração vai além da simples obtenção de ganhos, incluindo a proteção e o melhoramento do bem-estar social. Nessa perspectiva, Guimarães (1984, p. 216) afirma que, para o respeitado economista Paul Samuelson, "a Responsabilidade Social Empresarial é a capacidade desenvolvida pelas organizações de ouvir, compreender e satisfazer expectativas/interesses legítimos de seus diversos públicos".

Com a visão social de gerenciar os negócios, as empresas respeitam os direitos, a segurança e a qualidade de vida de seus funcionários e da sociedade. Isso vai além da filantropia. Deve existir uma cultura de que a empresa - sendo um conjunto integrado de parceiros, incluindo a sociedade a que pertence - precisa ser transparente e prestar contas aos diversos parceiros e públicos com os quais se relaciona.

Dessa forma, muitos requisitos são exigidos para uma atuação efetivamente responsável. É essencial que a estratégia da empresa defina seus valores - aquilo em que acredita, sua missão existencial e operacional -, que devem ser comunicados claramente a seus funcionários, assim como as metas a serem cumpridas. Também faz parte dessa abertura de informações o processo de comunicação dos resultados alcançados e dos novos redirecionamentos necessários.

Uma empresa socialmente responsável é **ecológica**, ou seja, procura usar insumos reciclados em seus produtos e embalagens e não agride o meio ambiente. É **filantrópica**, pois permite que seus funcionários reservem parte de seu horário de trabalho para prestar serviços voluntários. É **flexível**, ao permitir que eles ajustem sua jornada de trabalho às necessidades pessoais. É **educativa**, incentivando o aperfeiçoamento permanente de seus funcionários. É **íntegra**, isto é, não lança mão de propaganda enganosa, vendas casadas e outras práticas de *marketing* sem honestidade. É **interessada**, ao fazer pesquisas permanentes entre seus funcionários para conhecer suas demandas profissionais e sociais.

Portanto, ser socialmente responsável é uma característica de *marketing* empresarial que vem ganhando importância. Pesquisas têm indicado que os consumidores estão dando preferência a marcas e produtos vinculados a empresas com elevado nível de responsabilidade social. Profissionais qualificados e talentosos preferem trabalhar em companhias que respeitam os direitos dos parceiros e promovem a segurança e a melhoria da qualidade de vida de seus funcionários.

Na atualidade, a responsabilidade social é mais compreendida como instrumento que permite a instauração de condições de **vantagem competitiva**. Nos países desenvolvidos, está sendo considerada um dos pilares de sustentação dos negócios, tão importante como a qualidade, a tecnologia e a capacidade de inovação. Ela tem o poder de atrair consumidores e, assim, de gerar vendas; é instrumento para a obtenção de resultados positivos e o aumento de valor nas empresas. Há uma forte tendência, inclusive no Brasil, de se boicotarem empresas que não sejam socialmente responsáveis.

Assim, as empresas socialmente engajadas contam com estruturas organizacionais variadas, em que cada um, a seu modo, conduz projetos diversos, que trazem resultados interessantes à comunidade. Algumas empresas trabalham com sucesso por meio de fundações privadas, associações culturais e artísticas, organizações não governamentais e outras entidades afins.

Os princípios éticos sempre foram de extrema relevância para as organizações e, atualmente, é imprescindível manter uma relação duradoura com diversos públicos por meio da ética. É fato que as empresas desejam obter resultados positivos, mas, para isso, é necessário manter e até mesmo ampliar suas relações comerciais de forma transparente. Diante disso, os líderes têm um papel fundamental nos negócios, tanto no ambiente interno da organização como no externo. No próximo capítulo, abordaremos a gestão responsável e a liderança como fatores de competitividade e sobrevivência das organizações.

Capítulo 5
Gestão responsável e liderança

A governança corporativa tem como preocupação garantir que o gerenciamento da empresa aconteça de forma honesta e traga um retorno justo e aceitável para os que investiram seus recursos na organização. Isso tem como resultado o **gerenciamento responsável**, condição essencial para a boa governança e dependente das normas éticas.

Cabe lembrar que, no contexto atual, uma das características das empresas capitalistas é a **separação entre propriedade e administração**. Ou seja, com o grande crescimento das empresas, os proprietários se afastam cada vez mais da administração, e executivos são contratados para exercerem essa finalidade específica. Isso pode tornar-se um fator complicador para a boa governança, visto que é comum esses executivos colocarem seus interesses acima dos da organização.

> "O poder na empresa está com a administração – uma burocracia que controla suas funções e compensações, que podem chegar às raias do furto. Isso fica totalmente evidente e em ocasiões recentes tem sido chamado de 'o escândalo das empresas'." (Galbraith, 2004, p. 49)

É possível cogitar que o verdadeiro poder nas organizações, acima mesmo do Conselho de Administração ou da Assembleia Anual dos Acionistas, está com os altos executivos contratados para gerir o negócio. Dessa forma, entre as dificuldades da governança corporativa está o fato de que alguns executivos detêm uma grande força política nos papéis de decisão em virtude do reconhecimento de seus currículos e do domínio (*expertise*) sobre determinados assuntos. Isso faz com que as decisões, muitas vezes, sejam tomadas sem os devidos controles e sem a necessária criticidade em relação aos fatos, o que leva à diminuição de poder e autonomia do conselho, caracterizando uma submissão velada.

Do mesmo modo, quando os executivos começam a defender seus interesses particulares a colocá-los acima dos da empresa, envolvendo-se em problemas de corrupção e investimentos "duvidosos", o resultado obviamente é desastroso. É uma pena que muitos empresários tenham esquecido essas premissas básicas para o bom funcionamento do mundo dos negócios.

Outro ponto interessante sobre as obrigações das empresas pode ser visto pelo lado jurídico. Em algumas situações, uma empresa pode ser utilizada, por exemplo, como instrumento de fraude ou de abuso de direito. Nesses casos, um juiz pode ignorar a autonomia de que a organização goza como pessoa jurídica e punir as pessoas físicas (sócios) responsáveis por ela. Não apenas a empresa (pessoa jurídica), mas também seus administradores (pessoas físicas) podem ser punidos pela lei (Mattar, 2004).

Nos Estados Unidos, a Lei Sarbanes-Oxley (Sabox ou SOX), assinada em 30 de julho de 2002 pelo senador Paul Sarbanes (democrata de

Maryland) e pelo deputado Michael Oxley (republicano de Ohio), apregoa a necessidade de rigor da atuação da auditoria e das fiscalizações dos atos da empresa e de punição severa das fraudes praticadas por seus administradores (Oliveira, 2011).

Motivada por escândalos financeiros corporativos, essa lei foi redigida com o objetivo de evitar o esvaziamento dos investimentos financeiros e a fuga dos investidores em consequência da aparente insegurança a respeito da governança adequada das empresas. Ela visa garantir a criação de mecanismos de auditoria e segurança confiáveis nas empresas, incluindo ainda regras para a formação de comitês encarregados de supervisionar suas atividades e operações, de modo a mitigar riscos aos negócios, evitar a ocorrência de fraudes ou assegurar meios de identificá-las, garantindo transparência na gestão das empresas.

Uma das preocupações da governança corporativa é o modo como os gestores e os administradores exercem suas funções, considerando a necessidade de resguardar os interesses das organizações e de seus membros. A transparência, bem como a preocupação com as regras e os parâmetros éticos nas tomadas de decisão são pontos essenciais para a maturidade e a perenidade das organizações e o fortalecimento da imagem da empresa e de seus gestores. Dadas essas circunstâncias, cabe uma observação atenta em relação à conduta ética desses executivos, pois eles exercem efetivamente a liderança organizacional.

É por meio da **liderança**, sempre aliada à **ética** e à **governança**, que as empresas conseguem atingir a **excelência** no que diz respeito a um processo de **gestão responsável**, tornando-se, assim, sustentáveis e alcançando resultados que agreguem valor à sociedade. São os líderes que disseminam os valores da organização e conseguem o engajamento dos colaboradores. Desse modo, falar de governança e boas práticas de gestão é também discutir liderança.

Afirmar a liderança como um instrumento vital para a governança corporativa significa, essencialmente, desenvolver no líder organizacional (gestor, diretor, executivo etc.) a habilidade de ser íntegro e ter a capacidade de comunicar a todos os que trabalham sob sua responsabilidade a missão e os valores institucionais, com base em competências cognitivas, operacionais e atitudinais.

A **integridade** é um elemento fundamental para o exercício de todo cargo ou função de gerenciamento e, por isso, faz parte dos princípios da governança corporativa. Dessa forma, gestores responsáveis pelas organizações (públicas ou privadas), em qualquer nível de atuação – estratégica, tática ou até mesmo operacional –, devem se orientar segundo critérios da honestidade, tanto profissional quanto pessoal.

O tema *liderança* tem sido muito debatido. Estudos e pesquisas são desenvolvidos a respeito da personalidade dos grandes líderes, bem como sobre as necessidades e estruturas do grupo e do contexto e sobre a dinâmica entre líderes e liderados. É importante descobrir e desenvolver líderes para torná-los mais eficazes, identificando suas características mais desejáveis, tais como disposição (ambição e persistência), vontade de liderar (capacidade de influenciar), honestidade e integridade (coerência), autoconfiança, inteligência e conhecimento relacionado ao trabalho.

Hoje já se fala em lideranças globalmente responsáveis, baseadas na ética e em valores, sempre alinhadas ao desenvolvimento sustentável. O que vem a ser um **líder responsável** e quais **desafios** terá de enfrentar? Segundo a Globally Responsible Leadership Initiative (GRLI) e a European Foundation for Management Development (EFMD), os desafios de um líder responsável são: (1) pensar e agir em um contexto global; (2) assumir que deverá prestar contas de suas responsabilidades corporativas para a sociedade; (3) colocar a ética numa posição de centralidade em todas as suas atitudes (GRLI, 2016; PRME, 2016). Nesse sentido, a liderança tem como característica oferecer um modelo a ser seguido pela sociedade e pelas pessoas.

Para compreendermos a **liderança**, é imprescindível a contextualização histórica, pois verificamos que ela não é um fator isolado ou estático; é atualizada conforme a cultura, a religião, a estrutura econômica e as políticas governamentais. Os países desenvolvem suas leis e culturas;

algo pode ser considerado legítimo e aceitável em algumas nações e não o ser em outras.

As pessoas, atualmente, convivem com a democracia, com o direito de falar o que pensam – o que, outrora, não seria possível. As lideranças políticas são criticadas a todo momento, por mais que desempenhem um papel de poder, e o cidadão pode cobrar caso não esteja contente com a situação ou manifestar sua indignação. O líder, dessa forma, deve conviver com as críticas, às vezes pesadas; a liberdade de expressão faz parte da democracia. Nesse cenário, o grande líder não exerce a força bruta ou a pressão, mas busca influenciar as pessoas por meio de seus discursos, com promessas ou medidas voltadas aos anseios da população.

Gandhi e Madre Teresa, assim como tantos outros líderes, diferem entre si por terem almejado o alcance de objetivos distintos, mas apresentam ao menos um ponto em comum: a fé naquilo que realizaram. Acreditar e trabalhar, incansavelmente, em busca de determinado propósito nos parece ser o elemento comum a todos os que conseguem, de fato, ser líderes reconhecidos e respeitados.

É importante distinguir o **líder** do **administrador** ou do **gerente**, tal como faz Bergamini (1994, p. 110-111), para quem o gerente "é alguém que dirige uma empresa de maneira a ser eficiente e eficaz em uma estrutura interna ordenada, regulamentada e hierarquizada". Por outro lado, "o líder apresenta-se como uma pessoa que dirige e inicia uma empresa com enfoque na sua visão pessoal". Ele reage de acordo com sua realidade interior, sendo proativo em relação ao ambiente, e está mais centrado em si mesmo do que em regulamentos e hierarquias.

Liderança envolve influência do líder sobre o comportamento dos liderados, de maneira que estes possam atingir suas metas individuais em harmonia com os objetivos, as estratégias e os valores da organização para o alcance de resultados superiores. O mau uso da liderança pode fazer a empresa regredir a padrões mais complexos de discriminação; baixos níveis de moral, de produtividade do empregado e de governança; e uma imagem pública fragilizada.

> Liderança é "conduzir um grupo de pessoas, influenciando seus comportamentos e ações, para atingir objetivos e metas de interesse comum desse grupo, de acordo com uma visão do futuro baseada em um conjunto coerente de ideias e princípios". (Lacombe; Heiborn, 2009, p. 191)

Num cenário de governança corporativa, as empresas necessitam de líderes para a obtenção dos resultados almejados. A dificuldade é que toda empresa tem uma forma de gerenciamento e padrões de cultura, e o líder deve conciliar a forma de gestão com a missão e a estratégia. As decisões empresariais podem provocar efeitos em acionistas, gerentes, gestores e empregados, quanto à parte interna, e em clientes, fornecedores, autoridades, bancos, concorrentes e mídia, quanto à parte externa.

Nesse contexto, a Fundação Nacional para a Qualidade (FNQ) elaborou uma série de premissas que podem nortear os gestores na construção de práticas que incentivem a liderança e a inserção desse quesito no programa de gestão responsável de qualquer empresa. Sob o ponto de vista ético, cabe ao líder (Martins, 2013):

- *construir a missão da empresa e disseminá-la aos seus colaboradores;*
- *verificar de que forma a ética é praticada e incentivada pelos dirigentes nas relações internas e externas, como no tratamento com clientes, colaboradores, fornecedores e comunidade, entre outras. É fundamental estabelecer princípios para promover e assegurar o comportamento ético nas relações;*
  [...]
- *[...] formar e desenvolver novos líderes, de forma estruturada, evitando preferências pessoais. O crescimento da empresa e a capacidade e as competências gerenciais estão diretamente ligados aos investimentos no desenvolvimento de gestores e na liderança.*

Voltamos a insistir que **liderança** e **ética** são **temas estreitamente conectados**. O líder determina o tom moral da organização, representando e reformulando seus valores (Mattar, 2004). Blanchard e O'Connor (1999, p. 55) afirmam que, em uma empresa que se guia por valores, só há um chefe: "os valores da empresa". Percebemos, assim, a importância da liderança numa organização, particularmente no que diz respeito à manutenção de seus valores.

Quanto mais alto o executivo estiver na hierarquia de uma empresa, mais exemplar deverá ser seu comportamento. O presidente de uma organização é o espelho dos valores que ela preserva. Ele é exemplo para todos na companhia e sua conduta deve estar acima de qualquer suspeita, para que sua reputação e, consequentemente, a da empresa não sofram desgastes (Stukart, 2003, p. 75).

Mario Sergio Cortella (2009) aponta competências que um líder deve ter no sentido de promover uma liderança produtiva e ética. Para esse autor, o líder precisa ter a mente aberta e estar sempre disposto a aprender e atento às mudanças. Ele também deve ser capaz de fazer sua equipe crescer, pois um "líder que não eleva a equipe, que só pensa no próprio crescimento, não é um líder, é um chefe, no sentido hierárquico do termo" (Cortella, 2009, p. 95). Só seremos líderes inspiradores quando formos capazes de, ao subir, levarmos junto nossos subordinados.

Cortella ressalta ainda a obrigação do líder de criar um ambiente de trabalho agradável, pois as pessoas passam muito tempo nesse local e precisam se sentir bem onde estão. Não se trata de um ambiente de baderna, mas alegre. Sem alegria não há motivação. Liderar também pressupõe capacidade de inovação – a busca de novos métodos e soluções – e visão de futuro. Todo líder deve reunir sua equipe para trocar ideias, de forma digna e ética, sobre os passos a serem dados na condução das tarefas.

Inferimos que estilos de liderança mais participativos, em que os líderes apresentam alto coeficiente de inteligência emocional, como no caso da liderança servidora, auxiliam no alinhamento entre as metas individuais dos líderes e dos liderados e os objetivos e as estratégias da organização, proporcionando vantagem competitiva na era do conhecimento.

> Líderes "são responsáveis por construir organizações onde as pessoas expandem suas capacidades de entender complexidades, esclarecer visões e aperfeiçoar modelos mentais compartilhados". (Senge, 2004, p. 368)

Portanto, fica claro que, para o exercício da liderança responsável – o que certamente vai ao encontro das expectativas dos *stakeholders* –, há a necessidade de se alinharem as necessidades dos liderados com os objetivos da organização. Os resultados positivos acontecem como consequência de um clima organizacional favorável e de uma comunicação transparente.

Cameron e Caza (2006) destacam a importância do desenvolvimento de emoções para se conseguir um clima satisfatório na organização. A criação de redes positivas de energia, ou seja, o incremento das conexões entre as pessoas, propicia a instauração de um ambiente favorável ao desenvolvimento organizacional. Isso se dá quando a comunicação eficiente ocorre na organização e uma linguagem afirmativa e de suporte substitui a linguagem negativa e crítica.

Ferguson (1995) menciona que o novo paradigma para as organizações pressupõe troca, participação, rede de relações e aprendizagem individual e coletiva, favorecendo a conexão afetiva e intelectual entre as pessoas e tornando o trabalho um veículo de satisfação, realização e crescimento pessoal. Surge uma nova postura profissional, que diminui a dicotomia entre trabalho e prazer, entre convicções e carreira e entre éticas pessoais e profissionais. Daí a necessidade de um novo estilo de liderança.

Nesse sentido, Senge (2004) defende que o novo perfil de liderança é diferente do líder tradicional, que se valia de orientações claras e manipulações bem-intencionadas para fazer com que as pessoas trabalhassem juntas em busca de objetivos. Esse novo perfil pressupõe que os líderes aprendam a exercer outros três papéis:

1. **Projetista** de políticas, estratégias e sistemas da organização, para que as pessoas possam lidar produtivamente com os problemas e desenvolvam a capacidade de aprender.
2. **Regente** de uma visão pessoal, que muda ao aprender a ouvir atentamente os pontos de vista dos outros, transformando aquela perspectiva em uma visão coletiva.
3. **Professor**, não apenas para ensinar as pessoas a construir a visão, mas principalmente para estimulá-las a procurar entender as forças da mudança, tendo a capacidade de modificar seu ponto de vista, se necessário.

> "Liderança é um relacionamento complexo moral entre pessoas, baseado na verdade, na obrigação, no compromisso, na emoção e em uma visão compartilhada do que é bom." (Ciulla, 2004, p. XV, tradução nossa)

Peter Drucker (2001), um dos mais renomados pensadores da administração, ensina que, para esse novo estilo de liderança ser desenvolvido, é necessário que o líder conheça e defina, com objetividade e transparência, as metas pretendidas, compartilhando-as com todos os integrantes da organização. Cabe também a esse líder encarar a liderança como uma responsabilidade assumida, e não como *status* ou privilégio. Por fim, o autor nos lembra de que a **confiança**, elemento central na liderança, é construída com coerência entre o discurso e a prática, ou seja, mediante a integridade do líder.

Capítulo 6

Governança e ética no setor público

A opinião pública, cuja visão de mundo, muitas vezes, é a do senso comum, inspirada pela grande mídia, ainda mantém uma postura de descrédito em relação à conduta ética no serviço público. É do conhecimento de todos que a opinião popular a respeito do comportamento dos administradores públicos e da classe política – em todas as suas esferas (municipal, estadual e federal) – não é das melhores. Certos setores da mídia e, mais recentemente, as chamadas *redes sociais* alimentam a fogueira da "caça às bruxas" direcionada aos corruptos, com a divulgação de notícias – nem sempre verídicas – que denunciam administradores públicos e políticos pelo envolvimento com práticas ilícitas.

Cabe lembrar que toda generalização é perigosa e, com frequência, infundada. Porém, não podemos nos abster de discutir esse assunto, que, além de polêmico, é extremamente atual. Exageros à parte, estudos indicam que várias práticas de corrupção podem ser identificadas, não só no Brasil, mas também em outros países. Certas ações antiéticas são recorrentes, como as citadas por Stukart (2003, p. 47):

- Utilizar indevidamente papéis e carimbos oficiais.
- Usar de influência para conseguir empregos para parentes e amigos.
- Usufruir de mordomias proibidas.
- Conseguir viagens (desnecessárias) ao estrangeiro.
- Figurar entre os remunerados, sem trabalhar.
- Emitir faturas falsas.
- Sonegar impostos.
- Tirar, fraudulentamente e das maneiras mais diversas, o dinheiro do Estado.

Tais práticas, muitas vezes incentivadas por setores empresariais privados inescrupulosos, contrariam os princípios da boa governança e comprometem a qualidade dos serviços públicos ofertados à população.

Ao contrário de tudo isso, o que se espera das atividades do serviço público é que elas atendam ao interesse público e estejam vinculadas aos princípios da legalidade, o que lhes confere imensa responsabilidade e considerável carga moral. Infelizmente, no Brasil, o serviço público é frequentemente "assombrado" pelo fantasma da corrupção.

Um estudo realizado em 2014 pela organização não governamental Transparency International, intitulado *The Corruption Perceptions Index – CPI 2014* (em português, "Índice de Percepção da Corrupção"), apresenta um *ranking* de corrupção no setor público; entre os 179 países avaliados, o Brasil ocupa constrangedora 69ª posição. Dinamarca, Nova Zelândia, Finlândia, Suécia e Noruega são os países com o menor índice de corrupção (Transparency International, 2014).

Todos conhecemos as dificuldades para que ocorra um bom serviço à população: baixa remuneração, condições de trabalho nem sempre adequadas, falta de motivação, lideranças malpreparadas para a função etc.

Mesmo assim, a corrupção, grande inimiga da governança, deve ser duramente combatida em todas as esferas do setor público.

O momento atual exige uma radical mudança de rumo e, mais do que nunca, o servidor público deve mostrar **zelo** e **empenho** no exercício de suas atividades. Quanto mais serviços prestar à sua comunidade, mais ela tenderá a valorizá-lo.

A governança no setor público implica o estabelecimento de normas deontológicas, as quais devem estar materializadas num rígido código de conduta. O Decreto n. 1.171, de 22 de junho de 1994, aprovou o Código de Ética Profissional do Servidor Civil do Poder Executivo Federal, um rigoroso instrumento balizador de seus limites comportamentais (Brasil, 1994).

> "O papel do servidor público foi, e sempre será, de fiel depositário das esperanças confiadas pelos contribuintes aos cofres do Estado." Uma vez que identifique como seu "patrão" a própria sociedade, na qual também se inclui na condição de contribuinte, o servidor percebe que todos os seus atos devem ser orientados por uma conduta ética impecável. (Amoêdo, 1997, p. 31)

Em linhas gerais, o código deixa claro que as virtudes profissionais, como dignidade, decoro, zelo, retidão, lealdade, justiça, probidade, eficácia e consciência dos princípios morais, devem ter primazia na conduta do servidor público federal. Também é enfatizado, no inciso II da Seção l, que "o servidor público não poderá jamais desprezar o elemento ético de sua conduta. Assim, não terá que decidir somente entre o legal e o ilegal, o justo e o injusto, o conveniente e o inconveniente, mas principalmente entre o honesto e o desonesto" (Brasil, 1994).

Dessa forma, o objetivo do agente público deve ser sempre o bem comum, buscando o equilíbrio entre os fins e a lei, com o intuito de promover a consolidação da moralidade do ato administrativo praticado.

O código estabelece algumas proibições, explícitas na Seção III, inciso XV. Alguns exemplos de condutas proibidas são transcritos a seguir (Brasil, 1994):

> *a) o uso do cargo ou função, facilidades, amizades, tempo, posição e influências, para obter qualquer favorecimento, para si ou para outrem;*
>
> *[...]*
>
> *d) usar de artifícios para procrastinar ou dificultar o exercício regular de direito por qualquer pessoa, causando-lhe dano moral ou material;*
>
> *[...]*
>
> *g) pleitear, solicitar, provocar, sugerir ou receber qualquer tipo de ajuda financeira, gratificação, prêmio, comissão, doação ou vantagem de qualquer espécie, para si, familiares ou qualquer pessoa, para o cumprimento da sua missão ou para influenciar outro servidor para o mesmo fim;*
>
> *[...]*
>
> *j) desviar servidor público para atendimento a interesse particular;*
>
> *[...]*
>
> *m) fazer uso de informações privilegiadas obtidas no âmbito interno de seu serviço, em benefício próprio, de parentes, de amigos ou de terceiros;*
>
> *[...]*
>
> *p) exercer atividade profissional aética ou ligar o seu nome a empreendimentos de cunho duvidoso.*

Além dessas normas que dizem respeito ao compromisso e à integridade das pessoas envolvidas, para que o setor público possa atingir uma efetiva governança corporativa, é necessário adotar estratégias que contemplem os elementos **responsabilidade** e **transparência**.

A responsabilidade, como já destacamos, envolve a identificação das obrigações e das responsabilidades de todos os atores que participam do processo de governança, particularmente daqueles que exercem funções de liderança. Estes são responsáveis pela construção das relações de confiança entre os colaboradores e os *stakeholders*, condição fundamental para a boa governança.

A transparência, numa sociedade cada vez mais atenta aos movimentos de seus órgãos públicos, exige uma inédita abertura organizacional, permitindo, assim, maior participação cidadã no processo de condução dos programas e das políticas públicas, sempre por meio de informações completas, seguras e transparentes. Voltamos a insistir que o princípio da transparência para a governança corporativa, tanto no setor público quanto no privado, deve ser encarado como um recurso que, embora intangível, é tão importante quanto os recursos materiais e financeiros (dinheiro público) e os demais ativos públicos.

Nesse sentido, o Portal da Transparência[1] é uma iniciativa da Controladoria-Geral da União (CGU), órgão do governo federal que, baseado no princípio da *accountability*, visa assegurar a correta aplicação dos recursos públicos. O objetivo é aumentar a transparência da gestão pública, permitindo que o cidadão acompanhe como o dinheiro público está sendo utilizado e ajude a fiscalizá-lo.

O governo brasileiro, ao lançar o portal, em novembro de 2004, tomou como base os princípios da governança, segundo os quais a transparência seria o melhor remédio contra a corrupção; trata-se, portanto, de mais um mecanismo indutor para os gestores públicos agirem com responsabilidade. Além disso, propicia que a sociedade colabore no controle

---

1 Para mais detalhes, visite o Portal da Transparência: <http://transparencia.gov.br>.

das ações de seus governantes, checando se os recursos públicos estão sendo usados como deveriam.

Podemos concluir que, embora ainda em fase inicial, estão sendo construídas as bases para a introdução da governança corporativa no setor público nacional. É um processo lento e sujeito a retrocessos, mas que, uma vez assimilado, trará grandes benefícios para a sociedade. Afinal, a governança tem o poder de fortalecer o grau de responsabilidade e transparência na gestão pública, restituindo a confiança e a credibilidade dos órgãos responsáveis pelo setor público no país.

Palavras finais

O mundo, hoje, vive uma nova ordem social. As pessoas estão preocupadas com as questões ambientais, com o bem-estar social e com a qualidade de vida. Tudo isso implica uma nova postura na condução dos negócios, nos quais os *stakeholders* não apenas tenham suas necessidades atendidas, mas possam também acompanhar ativamente as estratégias e as decisões das organizações.

A gestão responsável, representada por boas práticas de governança, é obrigatória para a sustentabilidade de qualquer empreendimento, visto que só haverá sucesso se as expectativas das partes interessadas forem atendidas. As empresas que não respeitam a ética na condução de seus negócios tendem a perder competitividade e correm sérios riscos, pois a palavra de ordem é que, além do respeito às leis, garantam a transparência e a responsabilidade em suas operações.

Qualquer tipo de empresa está inserida em um conjunto de inter-relações com a sociedade, por isso deve adotar uma gestão com diversos públicos – clientes, fornecedores, concorrentes, governos –, manifestando um interesse compartilhado e uma interdependência entre a organização e os grupos sociais interligados. Para que esse relacionamento seja positivo, ele precisa se sustentar nos pilares da ética, da liderança responsável e da responsabilidade social.

Nesse contexto, é necessária a atuação de diversos agentes ou parceiros, os *stakeholders*, ou seja, grupos que são afetados pelas decisões, pela política e pelas operações da empresa. As pessoas, os grupos e as organizações que mantêm inter-relacionamentos com a empresa são seus parceiros. O número de envolvidos com os interesses de um negócio pode ser muito grande, variando conforme o escopo do empreendimento.

A visão da ética tem se estendido até mesmo às empresas concorrentes, cujo papel está deixando de ser o daquele inimigo a ser evitado ou combatido. As empresas percebem seus concorrentes como referências importantes a serem observadas e monitoradas, acompanhando seus passos, seus investimentos e suas inovações, para se orientarem e tirarem proveito com vistas ao próprio aperfeiçoamento. Além disso, já está se tornando realidade a criação de parcerias efetivas e de alianças estratégicas entre dois ou mais concorrentes ou empresas que pretendem trabalhar em conjunto. O objetivo maior é aproveitar essa atuação mútua em benefício do aumento das vendas e dos resultados.

Administrar uma empresa de maneira ética gera, efetivamente, sustentabilidade nos negócios. À medida que o sentimento ético se dissemina, a organização pode se transformar em um ambiente positivo, perceptível em praticamente todos os setores – uma sensação muito forte de sinergia com o desejo de fazer algo correto. Essa força se constitui em um bem inestimável para qualquer organização; além disso, tem um poderio muito grande quanto à atração de futuros funcionários.

A ética nos negócios é um campo de estudo e prática voltado à realização de boas ações e à contribuição com os outros. As pessoas que levam a sério os padrões éticos se entusiasmam com o assunto e incentivam a propagação das informações. Isso contribui muito para a tão necessária transparência, fator de sucesso para qualquer iniciativa ligada à governança corporativa.

Atualmente, as empresas se caracterizam pela maior procura de investidores para comprar seus negócios ou participar deles, no que diz respeito à oferta para venda das ações ou quotas de participação. O valor econômico e o valor de mercado da empresa são indicadores do interesse dos acionistas em aplicar seus recursos financeiros no capital dela.

O comportamento ético e as práticas de responsabilidade social têm impactos significativos na satisfação dos clientes ao adquirir os produtos ou serviços, e as práticas de boa governança corporativa agregam valor às organizações, gerando resultados e fluxo de caixa crescentes e impulsionado-as para investimentos saudáveis.

Há um entendimento de que a culpa pelos problemas que ocorrem em uma companhia não é apenas da empresa nem de seus executivos. A responsabilidade deve ser compartilhada com os conselheiros, os quais elegem os diretores e o presidente. O amadurecimento das empresas tem conduzido ao estágio em que há compartilhamento de responsabilidades e, por isso, para aquelas que desejam ver seu valor de mercado se elevar, há uma tendência à integração eficaz entre os conselheiros, os diretores e o presidente.

É errônea a percepção de que, quando a empresa passa por maus momentos, é necessário substituir seu principal executivo. Os acionistas têm de entender que a obrigação de obter bons resultados é tanto do presidente quanto do Conselho de Administração. A satisfação dos conselheiros e dos acionistas com os diretores e o presidente deve ser incentivada, pois favorece a permanência deste na organização e traz bons resultados para todos.

Os acionistas, no mercado atual, percebem efetivamente o valor da empresa da qual participam pelos ganhos convertidos em dividendos, correspondentes às distribuições dos lucros, e pela valorização das ações proporcionada pelos pregões das bolsas de valores.

Concluímos que ética e governança corporativa são conceitos que se complementam, sendo fundamentais para a lucratividade das empresas, pois garantem um elevado padrão de transparência nos competitivos mercados nacional e internacional. Também estabelecem excelentes relações humanas nas organizações públicas e privadas, fortalecem a relação com clientes, garantem perenidade nos negócios e, principalmente, permitem que as empresas atendam às necessidades da sociedade como um todo, cumprindo, assim, seu papel social.

Para saber mais

Caso deseje aprofundar seus conhecimentos sobre os temas tratados no decorrer desta obra, selecionamos um material complementar que poderá ser muito útil para você. Aqui você também encontrará sugestões de *sites* e filmes para ampliar seus estudos.

--- *Filmes* ---

- A CORPORAÇÃO. Direção: Mark Achbar e Jennifer Abbott. Canadá: Zeitgeist Films, 2003. 145 min.

  O filme analisa os poderes das grandes corporações no mundo atual, tomando como base a polêmica decisão da Suprema Corte de Justiça americana, para a qual uma corporação, pela lei, é uma "pessoa". Alguns dos temas abordados nesse documentário são a devastação do meio ambiente e a exploração da mão de obra barata no Terceiro Mundo. Merecem destaque as entrevistas com os presidentes da Nike, da Shell, da IBM, entre outras corporações, e com personalidades como Noam Chomsky, Milton Friedman e Michael Moore.

- A FIRMA. Direção: Sydney Pollack. EUA: Paramount Pictures, 1993. 154 min.

O filme relata a situação vivida pelo jovem advogado Mitch McDeere, que vai trabalhar numa empresa em Memphis, onde recebe um alto salário e outras vantagens. Contudo, em pouco tempo, descobre que a firma está envolvida com lavagem de dinheiro da máfia. O que mais o assusta, no entanto, é a morte misteriosa dos funcionários que saíram ou tentaram sair da empresa. Nesse filme, questiona-se o código de ética, que resguarda o sigilo profissional na relação cliente-advogado.

- A FRAUDE. Direção: James Dearden. Reino Unido: Pathé/Cinemax, 1999. 101 min.

A fraude conta a história de Nick Leeson, especulador financeiro que, em 1995, perdeu 850 milhões de libras do Barings Bank, em Londres, o qual foi vendido pela quantia simbólica de 1 libra. Ele foi condenado a seis anos de prisão em Cingapura e, durante esse período, registrou suas memórias, que serviram como base para a produção cinematográfica. O filme mostra a ascensão e a queda de Leeson, bem como sua relação com a esposa, que se separou dele ao saber que as intimidades do casal haviam sido retratadas no livro.

- A PONTE do Rio Kwai. Direção: David Lean. EUA/Reino Unido: Columbia Pictures Corporation/Horizon Pictures, 1957. 161 min.

O filme é baseado no romance *Le pont de la rivière Kwai*, de Pierre Boulle (1952). Durante a Segunda Guerra Mundial, os japoneses atribuem a prisioneiros britânicos a incumbência de construir uma ponte ferroviária sobre o Rio Kwai, na Tailândia, em plena selva. O oficial britânico Nicholson, líder da operação, busca uma maneira de elevar o moral de seus homens, fazendo-os sentir orgulho dessa obra.

- CONDUZINDO Miss Daisy. Direção: Bruce Beresford. EUA: Warner Bros, 1990. 100 min.

A ação se passa em Atlanta, Estados Unidos, em 1948. Uma rica judia de 72 anos, que não tem mais condições de dirigir, mas não aceita esse fato, engata a marcha errada e "joga" seu carro no jardim do vizinho. Seu filho, então, contrata um afro-americano como motorista particular, contrariando a vontade da mãe. Inicialmente, ela não aceita ser conduzida por esse novo empregado; entretanto, gradativamente, vai surgindo uma forte amizade entre os dois, rompendo barreiras sociais, culturais e raciais.

- JERRY Maguire: a grande virada. Direção: Cameron Crowe. EUA: Sony Pictures, 1996. 129 min.

A produção conta a história de Jerry Maguire, executivo de sucesso em uma agência que cuida da carreira de atletas. Ao ser demitido, é abandonado por quase todas as pessoas em quem confiava, mas não pelo jogador de futebol americano Rod Tidwell. Com base na relação entre os dois, o filme discute sentimentos como amizade e solidariedade. Aborda também duas das principais problemáticas da atualidade – a busca pelo dinheiro e pelo poder –, mostrando que, no decorrer dos anos, o esporte foi se transformando em uma forma de ascensão monetária e social.

- O INFORMANTE. Direção: Michael Mann. EUA: Disney/Buena Vista, 1999. 160 min.

O filme, baseado em uma história real, narra a trajetória de Jeffrey Wigand, ex-vice-presidente da Brown & Williamson, e de Lowell Bergman, produtor do programa 60 *Minutos*, da rede americana CBS. Jeffrey, um ex-executivo da indústria do tabaco, concede uma entrevista bombástica ao referido programa. Ele diz que os mandachuvas da empresa sabiam da capacidade viciadora da nicotina e, para realçarem essa característica, aplicavam aditivos químicos ao cigarro. Porém, a CBS desistiu de transmitir a entrevista, receosa das consequências jurídicas.

- O SUCESSO a qualquer preço. Direção: James Foley. EUA: New Line Cinema, 1992. 100 min.

A história em questão se passa em uma agência imobiliária, onde os corretores Shelley Levene, Ricky Roma, Dave Moss e George Aaronow são pressionados por Blake, chefe de vendas, que promete um automóvel para o melhor vendedor e comunica que os piores serão demitidos, pois não há lugar para fracassados na empresa.

- UM ATO de coragem. Direção: Nick Cassavetes. EUA: PlayArte Pictures, 2001. 116 min.

Trata-se da história vivida pela família de John Q. Archibald, casado com Denise e pai de Michael. Eles levam uma vida feliz até o dia em que descobrem que Michael está gravemente doente, necessitando, com urgência, de um transplante de coração para sobreviver. Sem condições financeiras de pagar pela operação, em uma atitude desesperada, John invade o pronto-atendimento de um hospital, onde toma todos como reféns, e passa a discutir com a polícia uma solução para o caso.

- WALL STREET: poder e cobiça. Direção: Oliver Stone. EUA: 20th Century Fox, 1987. 122 min.

O filme faz referência aos grandes negócios dos anos 1980. Buddy Fox sonha em conhecer o milionário Gordon Gekko e, quando essa oportunidade surge, ele se vê atraído para o lucrativo mundo das negociações. Após a realização de alguns negócios, Fox alcança o estilo de vida com que sempre sonhou; no entanto, percebe que essa rápida ascensão, além de afetar sua consciência, pode resultar em graves consequências, como ser preso.

——— Sites ———

- CEG – Centro de Estudos em Governança Corporativa. Disponível em: <http://www.ceg.org.br>. Acesso em: 19 dez. 2016.

O CEG é um projeto da Fundação Instituto de Pesquisas Contábeis, Atuariais e Financeiras (Fipecafi), entidade sem fins lucrativos dirigida por professores do Departamento de Contabilidade e Atuária da Faculdade de Economia, Administração e Contabilidade da Universidade de São Paulo (FEA/USP). Tem como premissa fundamental atuar de forma multidisciplinar e interinstitucional, contando com pesquisadores de notória *expertise* em governança corporativa em diferentes áreas do conhecimento.

- CEBDS – Conselho Empresarial Brasileiro para o Desenvolvimento Sustentável. Disponível em: <http://cebds.org.br>. Acesso em: 19 dez. 2016.

  O CEBDS é uma associação civil sem fins lucrativos que promove o desenvolvimento sustentável nas empresas que atuam no Brasil, por meio da articulação entre os governos e a sociedade civil; além disso, divulga os conceitos e as práticas mais atuais referentes ao tema. O CEBDS foi fundado em 1997 por um grupo de grandes empresários brasileiros atentos às mudanças e oportunidades que a sustentabilidade trazia, principalmente a partir da Rio-92. Atualmente, reúne mais de 70 dos maiores grupos empresariais do país, com faturamento de cerca de 40% do PIB e responsáveis por mais de 1 milhão de empregos diretos. É representante, no Brasil, da rede do World Business Council for Sustainable Development (WBCSD), que conta com quase 60 conselhos nacionais e regionais em 36 países e com 22 setores industriais, além de 200 grupos empresariais, que atuam em todos os continentes, exceto na Antártida.

- GLOBAL INTEGRITY. Disponível em: <http://www.globalintegrity.org>. Acesso em: 19 dez. 2016.

  Trata-se de um laboratório que produz pesquisas de alta qualidade para alimentar uma rede global de informações sobre *disclosure* e *accountability* em governos.

- IBGC – Instituto Brasileiro de Governança Corporativa. Disponível em: <http://www.ibgc.org.br>. Acesso em: 19 dez. 2016.

Fundado em 27 de novembro de 1995, o IBGC é a principal referência no Brasil para o desenvolvimento das melhores práticas em governança corporativa.

- INSTITUTO ETHOS. Disponível em: <http://www3.ethos.org.br>. Acesso em: 19 dez. 2016.

O Instituto Ethos de Empresas e Responsabilidade Social é uma organização da sociedade civil de interesse público (Oscip) cuja missão é mobilizar, sensibilizar e ajudar as empresas a gerir seus negócios de forma socialmente responsável, tornando-as parceiras na construção de uma sociedade justa e sustentável.

- TRANSPARENCY INTERNATIONAL. Disponível em: <http://www.transparency.org/research/cpi/overview>. Acesso em: 19 dez. 2016.

A Transparency International apresenta anualmente o *ranking* de corrupção no setor público envolvendo diversos países.

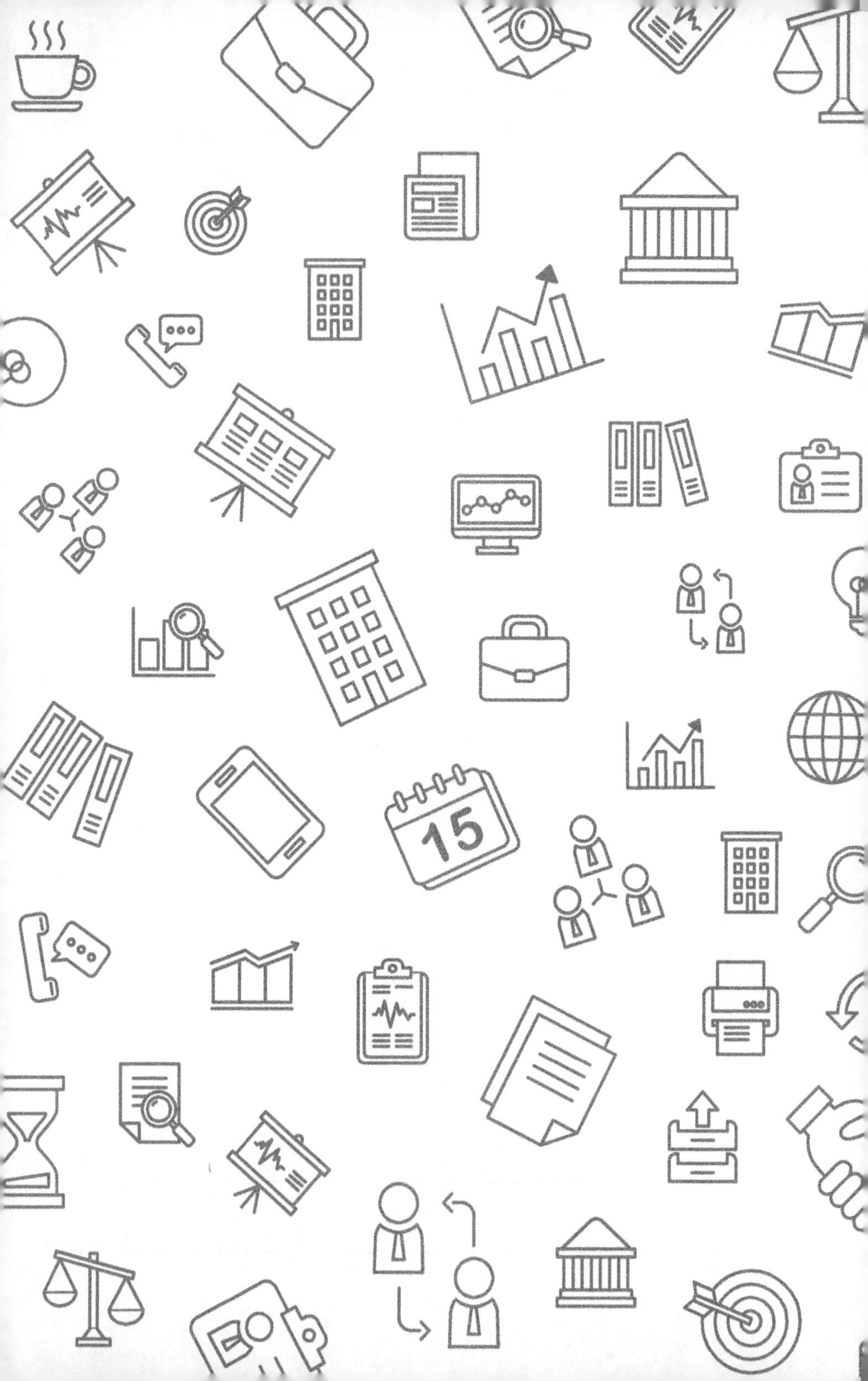
15

Referências

ABBAGNANO, N. **Dicionário de filosofia**. Tradução de Alfredo Bosi. 2. ed. São Paulo: M. Fontes, 1998.

ADAMS, S. **Dilbert 4**: trabalhando em casa. Porto Alegre: L&PM, 2009. v. 4.

ALENCASTRO, M. S. C. **Ética empresarial na prática**: liderança, gestão e responsabilidade corporativa. Curitiba: InterSaberes, 2012.

ÁLVARES, E.; GIACOMETTI, C.; GUSSO, E. **Governança corporativa**: um modelo brasileiro. São Paulo: Campus, 2008.

AMOÊDO, S. **Ética do trabalho**: na era pós-qualidade. Rio de Janeiro: Qualitymark, 1997.

ANDERSEN, B. O papel da ética em governança corporativa de qualidade. In: BERTIN, M. E. J.; WATSON, G. H. (Org.). **Governança corporativa**: excelência e qualidade no topo. Rio de Janeiro: Qualitymark, 2007. p. 25-38.

ANDRADE, A.; ROSSETTI, J. P. **Governança corporativa**: fundamentos, desenvolvimento e tendências. 2. ed. São Paulo: Atlas, 2006.

ARRUDA, M. C. C. **O estado da arte da ética nos negócios**. Relatório 06/2008. São Paulo: FGV, 2008. Disponível em: <http://bibliotecadigital.fgv.br/dspace/bitstream/handle/10438/2950/Rel062008.pdf?sequence=1>. Acesso em: 20 dez. 2016.

BARBOSA, V. As empresas premiadas pelo Guia Exame Sustentabilidade 2013. **Exame**, nov. 2013. Disponível em: <http://exame.abril.com.br/negocios/noticias/as-empresas-premiadas- pelo-guia-exame-sustentabilidade-2013>. Acesso em: 20 dez. 2016.

BERGAMINI, C. W. **Liderança**: administração do sentido. São Paulo: Atlas, 1994.

BLANCHARD, K.; O'CONNOR, M. **O administrador ético**. Rio de Janeiro: Record, 1999.

BRASIL. Decreto n. 1.171, de 22 de junho de 1994. **Diário Oficial da União**, Poder Executivo, Brasília, 26 jun. 1994. Disponível em: <http://www.planalto.gov.br/ccivil_03/decreto/d1171.htm>. Acesso em: 20 dez. 2016.

CAMERON, K.; CAZA, A. Developing Strategies for Responsible Leadership. In: DOH, J. P.; STUMPH, S. **Handbook on Responsible Leadership and Governance in Global Business**. Northampton, MA: Edward Elgar Publishing, 2006.

CARROLL, A. The Pyramid of Corporate Social Responsibility: Towards the Moral Management of Organizational Stakeholders. **Business Horizons**, Indianapolis, v. 34, n. 4, p. 39-48, July/Aug. 1991. Disponível em: <http://faculty.wwu.edu/dunnc3/rprnts.pyramidofcsr.pdf>. Acesso em: 20 dez. 2016.

CIULLA, J. B. **Ethics, the Heart of Leadership**. 2. ed. London: Westport, 2004.

CORTELLA, M. S. **Qual é a tua obra?** Inquietações propositivas sobre gestão, liderança e ética. 7. ed. Petrópolis: Vozes, 2009.

DRUCKER, P. **O melhor de Peter Drucker**: o homem, a administração e a sociedade. São Paulo: Nobel, 2001.

ELKINGTON, J. C. **Cannibals with Forks**: the Triple Bottom Line of 21st Century Business. Oxford: Oxford Publishing, 1997.

FERGUSON, M. **A conspiração aquariana**. 10. ed. Rio de Janeiro: Record, 1995.

GADIOLI, B. C. et al. Responsabilidade social empresarial: "ética ou estética?" - uma análise do setor automobilístico brasileiro. In: CHAMUSCA, A. et al. **Responsabilidade social das empresas**: a contribuição das universidades. São Paulo: Peirópolis, 2006. p. 173-212. v. 5.

GALBRAITH, J. K. **A economia das fraudes inocentes**: verdades para o nosso tempo. São Paulo: Companhia das Letras, 2004.

GLOBAL INTEGRITY. **Global Integrity Report 2009**: Brazil. 2009. Disponível em: <https://www.globalintegrity.org/research/reports/global-integrity-report/global-integrity-report-2009/gir-scorecard-2009-brazil/>. Acesso em: 20 dez. 2016.

GRLI – Globally Responsible Leadership Initiative. Disponível em: <http://www.grli.org/grli>. Acesso em: 20 dez. 2016.

GUIMARÃES, H. W. M. Responsabilidade social da empresa: uma visão histórica de sua problemática. **RAE – Revista de Administração de Empresas**, São Paulo, v. 24, n. 4, p. 211-219, out./dez. 1984.

IBGC – Instituto Brasileiro de Governança Corporativa. **O IBGC**. Disponível em: <http://www.ibgc.org.br/inter.php?id=18056>. Acesso em: 20 dez. 2016.

INMETRO – Instituto Nacional de Metrologia, Qualidade e Tecnologia. **Norma Nacional de Responsabilidade Social**. 2012. Disponível em: <http://www.inmetro.gov.br/qualidade/responsabilidade_social/pontos-iso.asp>. Acesso em: 20 dez. 2016.

INSTITUTO ETHOS. **Glossário**: responsabilidade social empresarial. 2 set. 2013. Disponível em: <http://www3.ethos.org.br/wp-content/uploads/2013/09/Gloss%C3%A1rio-Indicadores-Ethos-V2013-09-022.pdf>. Acesso em: 20 dez. 2016.

INSTITUTO ETHOS. **Sobre o instituto**: missão. Disponível em: <http://www3.ethos.org.br/conteudo/sobre-o-instituto/missao>. Acesso em: 20 dez. 2016.

IPEA – Instituto de Pesquisa Econômica Aplicada. **A iniciativa privada e o espírito público**: a evolução da ação social das empresas. Brasília: Rede Ipea de Pesquisa; Escritório Cepal no Brasil, 2006. Disponível em: <http://www.ipea.gov.br/acaosocial/IMG/pdf/doc-28.pdf>. Acesso em: 20 dez. 2016.

JAMESON, M. **A Practical Guide to Creative Accounting**. London: Kogan Page, 1988.

LACOMBE, F.; HEIBORN, G. **Administração**: princípios e tendências. São Paulo: Saraiva, 2009.

LODI, J. B. **Governança corporativa**. Rio de Janeiro: Campus, 2000.

MACHADO FILHO, C. P. **Responsabilidade social e governança**: o debate e suas implicações. São Paulo: Pioneira Thomson Learning, 2006.

MARTINS, J. **A liderança como fator chave para o sucesso da sua empresa**. 10 jul. 2013. Disponível em: <http://www.fnq.org.br/informe-se/artigos-e-entrevistas/artigos/a-lideranca-como-fator-chave-para-o-sucesso-da-sua-empresa>. Acesso em: 20 dez. 2016.

MATTAR, J. **Filosofia é ética na administração**. São Paulo: Saraiva, 2004.

MAXWELL, J. C. **Ética é o melhor negócio**: ganhe vantagem competitiva fazendo o que é certo. Tradução de Omar de Souza. São Paulo: Mundo Cristão, 2001.

MONTANA, P. J.; CHARNOV, B. H. **Administração**. São Paulo: Saraiva, 1998.

MOREIRA, J. M. **A ética empresarial no Brasil**. São Paulo: Pioneira, 1999.

OBRINGER, L. A. **Estudo de caso**: Enron. Disponível em: <http://empresasefinancas.hsw.uol.com.br/fraudes-contabeis2.htm>. Acesso em: 20 dez. 2016.

OLIVEIRA, D. DE P. R. **Governança corporativa na prática**: integrando acionistas, conselho de administração e diretoria executiva na geração de resultados. 2. ed. São Paulo: Atlas, 2011.

PEREIRA, A. N.; VILASCHI, A. Governança corporativa e contabilidade: explorando noções e conexões. In: SIMPÓSIO FUCAPE DE PRODUÇÃO CIENTÍFICA, 4., 2006, Vitória. **Anais**... Vitória: Fucape Business School, 2006.

PRME – Principles for Responsible Management Education. Disponível em: <http://www.unprme.org>. Acesso em: 20 dez. 2016.

RODRIGUES, J. A. **Dilemas na gestão corporativa**. Rio de Janeiro: Qualitymark, 2003.

SAI – Social Accountability International. **Social Accountability 8000**. 2008. Disponível em: <http://www.sa-intl.org/_data/n_0001/resources/live/2008StdEnglishFinal.pdf>. Acesso em: 20 dez. 2016.

SENGE, P. M. **A quinta disciplina**: arte, teoria e prática da organização de aprendizagem. 16. ed. São Paulo: Nova Cultura, 2004.

SOCIAL BUSINESS STRATEGY. **Milton Friedman on Social Responsability.** 4 nov. 2013. Disponível em: <http://socialbusinessstrategy.com/2013/11/friedman-social-responsibility-business>. Acesso em: 20 dez. 2016.

SOLOMON, R. C. **A melhor maneira de fazer negócio.** São Paulo: Negócio, 2000.

STUKART, H. L. **Ética e corrupção**: os benefícios da conduta ética na vida pessoal e empresarial. São Paulo: Nobel, 2003.

TRANSPARENCY INTERNATIONAL. **The 2014 Corruption Perceptions.** 2014. Disponível em: <http://www.transparency.org/cpi2014>. Acesso em: 20 dez. 2016.

TUDE, J. M.; MELLO, L. M.; VASCONCELOS, Y. **Captação de recursos para projetos.** Curitiba: Iesde Brasil, 2012.

WBCSD – World Business Council for Sustainable Development. **Corporate Social Responsibility**: Meeting Changing Expectations. Genebra, 2000. Disponível em: <http://old.wbcsd.org/pages/edocument/edocumentdetails.aspx?id=82&nosearchcontextkey=true>. Acesso em: 20 dez. 2016.

REFERÊNCIAS

Sobre os autores

Mario
Sergio Cunha Alencastro

Engenheiro. Doutor em Meio Ambiente e Desenvolvimento pela Universidade Federal do Paraná (UFPR), mestre em Tecnologia pela Universidade Tecnológica Federal do Paraná (UTFPR) e pós-graduado em Filosofia pela Pontifícia Universidade Católica do Paraná (PUCPR) e em Administração de Empresas pela FAE Centro Universitário. Professor universitário e pesquisador. Consultor de empresas e conferencista nas áreas de desenvolvimento sustentável, ética empresarial e responsabilidade socioambiental.

Osnei
Francisco Alves

Administrador de empresas. Mestre em Meio Ambiente e Desenvolvimento e doutorando em Administração. Tem nove pós-graduações nas áreas de gestão, educação e comunicação. Professor nas Faculdades Santa Cruz, na Faculdade Ensitec e no Centro Universitário de Maringá (Unicesumar), nos cursos de graduação e pós-graduação. Palestrante nas áreas de recursos humanos e de liderança e empreendedorismo.

Os papéis utilizados neste livro, certificados por instituições ambientais competentes, são recicláveis, provenientes de fontes renováveis e, portanto, um meio **respons**ável e natural de informação e conhecimento.

FSC
www.fsc.org
MISTO
Papel | Apoiando o manejo florestal responsável
FSC® C103535

Impressão: Reproset
Agosto/2023